Die derogatorische Kraft

des

Gewohnheitsrechts.

Nach gemeinem Recht und neueren Gesetzgebungen.

Von

Dr. Ferdinand Esser.

Springer-Verlag Berlin Heidelberg GmbH 1889

ISBN 978-3-662-32445-5 ISBN 978-3-662-33272-6 (eBook)
DOI 10.1007/978-3-662-33272-6

Buchdruckerei von Gustav Schade (Otto Francke) Berlin N.

Ursprünglich zu einem rein wissenschaftlichen Zwecke niedergeschrieben, dürfte die nachfolgende Untersuchung über eine vielbestrittene prinzipielle Frage wegen der weittragenden Bedeutung, die sie gerade in unserer Zeit durch den Entwurf eines Bürgerlichen Gesetzbuches für das Deutsche Reich und die bevorstehende Revision des Allgemeinen Deutschen Handelsgesetzbuches erhielt, auch für weitere Kreise Interesse erregen.

E.

Inhaltsübersicht.

Seite

Einleitung.

Erster Abschnitt.

Die derogatorische Kraft des Gewohnheitsrechts im gemeinen Recht.

I. Kapitel.

Das römische Recht. — Die verschiedenen Ansichten über die Antinomie der Quellen.

II. Kapitel.

Das kanonische Recht.

Einleitung.

§ 1.

Gesetz und Gewohnheitsrecht sind ihrer Entstehung gemäß principiell gleichberechtigt.

Gesetz und Gewohnheitsrecht sind die beiden Erscheinungsformen des objektiven Rechts. Die gemeinsame Quelle dieser Rechtsnormen ist das dem Menschen als *πολιτικὸν ζῶον*[1]) gegegebene Bewußtsein des Rechts.

In der Kindheit und seiner ersten Entwickelung thut das Volk seine Rechtsüberzeugung regelmäßig unmittelbar durch Uebung und Gewohnheit kund und der nicht ganz richtige Sprachgebrauch nennt es „Gewohnheitsrecht“, obgleich nicht die Gewohnheit der eigentliche Grund seiner Geltung ist. In späteren Phasen der gesellschaftlichen und staatlichen Entwickelung wird mittelbar das in der Volksseele erzeugte Recht durch den Gesetzgeber offenbart und mit Reflexion der Staatsgewalt als Gesetz promulgirt.

Im Prinzip und aus inneren Gründen müssen daher Gesetz und Gewohnheitsrecht, die beide dem innersten und eigensten Rechtsbewußtsein des Volkes entsprungen sind, sich also nicht durch das wollende Subjekt, sondern nur durch die Form des Ausdrucks unterscheiden, als vollständig ebenbürtig nebeneinander stehen und die gleiche Kraft haben.

---

[1]) Aristoteles, Polit. I. 1. 9.

Als die beiden wichtigsten Faktoren liegen sie den Rechtsbildungen aller bedeutenden Völker zu Grunde und ihr Gewicht hält sich so sehr die Wagschale, daß thatsächlich oft die ältesten Gewohnheitsrechte durch neue Gesetze aufgehoben und andererseits die strengsten gesetzlichen Bestimmungen durch Gewohnheitsrecht außer Kraft gesetzt werden.

Als unsere Aufgabe betrachten wir, zu zeigen, daß das Gewohnheitsrecht dem Gesetze gegenüber derogatorische Kraft habe — so zwar, daß wir neueren Gelehrten[2]) folgend, unter „derogare“ die Begriffe „subrogare“, „obrogare“, „abrogare“ einschließen, ebenso wie wir die deutschen Ausdrücke „ändern“ oder „aufheben“ im Sinne von „theilweise aufheben“, „hinzufügen“, „umändern“ und „gänzlich aufheben“ gebrauchen.

Unter Gewohnheitsrecht im eigentlichen Sinne verstehen wir nach dem Vorgange bedeutender Rechtslehrer[3]) zwar nur die Rechtsnormen, welche die Uebung des Volkes selbst geschaffen hat, müssen aber zugestehen, daß die Uebung der Juristen, durch welche gewisse Rechtsnormen in Urtheilen und Rechtsgutachten zur Anwendung kommen, ihm sehr nahe verwandt ist. Obgleich wir der Rechtswissenschaft und dem Gerichtsgebrauch also nicht die Eigenschaft als Organe der Rechtserzeugung absprechen und sie nicht geradezu als bloße Niederlagen und Erkenntnißmittel bestehenden Rechts betrachten, würde es wohl außerhalb des Rahmens unserer Aufgabe stehen, auch ihre Kraft zu prüfen, da eine selbstständig zwingende Autorität den Produkten der Rechtswissenschaft keineswegs, den Erkenntnissen der Gerichte aber höchstens in partikularrechtlicher Beziehung zukommt. Denn die auctoritas rerum perpetuo similiter judicatarum soll zwar einerseits vim legis obtinere[4]),

---

[2]) Windscheid, Stobbe, Dernburg u. A.

[3]) Vangerow, Puchta, Dernburg, Keller u. A.

[4]) l. 38, Dig. de leg. I. 3.

andererseits aber non exemplis sed legibus judicandum est[5]), so daß dieselbe nur in ambiguitatibus, quae ex legibus proficiscantur Kraft hat und nie einem Gesetze derogiren darf[6]). Daß aber das „Volksrecht" diese aufhebende Kraft besitze, wird in den Quellen des gemeinen Rechts: im römischen und kanonischen Recht, im langobardischen Lehnrecht, sowie im einheimischen deutschen Recht anerkannt. Dies werden wir zu zeigen uns bemühen, indem wir die einzelnen Rechtsquellen nach der natürlichen und durch ihren verschiedenen Ursprung gegebenen Eintheilung auf unsere Frage hin prüfen, gleichsam die genetische Methode befolgend, da bei jeder anderen Systematisirung eine große Menge von Wiederholungen unvermeidlich sein würde.

---

[5]) l. 13, Cod. de sent. VII. 45.

[6]) Entscheidungen des Reichsgerichts V. S. 135.

Erster Abschnitt.

Die derogatorische Kraft des Gewohnheitsrechts im gemeinen Recht.

I. Kapitel.

Das römische Recht. — Die Antinomie der Quellen und die verschiedenen Ansichten über dieselbe.

I. Vereinigungsversuche.

§ 2.

1. Einige finden in l. 2 und l. 32 keinen Widerspruch.

Salvius Julianus, der das Edikt des Stadtprätors als „edictum perpetuum“ kodifizirte, bespricht[7]) ausführlich die bindende Kraft des Gewohnheitsrechts und kommt zu dem entschiedenen Resultate: „rectissime illud receptum est, ut leges non solum auffragio legislatoris, sed etiam tacito consensu omnium per desuetudinem abrogentur.“

Diesem Quellenzeugnisse, in dem die derogatorische Kraft des Gewohnheitsrechts so entschieden bestätigt wird, widerspricht beim ersten Anblick ein Reskript Constantins[8]), indem der Kaiser durch dasselbe anscheinend dem Gewohnheitsrechte diese Kraft abspricht, wenn er sagt: „Consuetudinis ususque longaevi non vilis auctoritas est: verum non usque adeo sui valitura momento, ut aut rationem vincat aut legem.“ —

---

[7]) l. 32 § 1. Dig. de leg. I. 3.

[8]) l. 2. Cod. quae sit longa cons. VIII. 53. (52).

Es hat diese lex den Rechtsgelehrten aller Jahrhunderte große Schwierigkeiten gemacht und schon in der Accursischen Glosse[9]) finden sich sechs Versuche, ihren Inhalt mit dem oben angeführten Quellenzeugnisse in Einklang zu bringen. Von dieser Zeit an ist die Streitfrage in Bewegung geblieben und „bis zur Ermüdung“[10]) erörtert worden.

Nicht mit Unrecht bezeichnet Busch[11]) schon vor einem halben Jahrhundert es als ein Wagstück und entschuldigt sich gleichsam, daß er eine Frage, deren Beantwortung schon so viele Meister versucht, nochmals bespricht.

Mehrere Gelehrte sehen keinen Widerspruch in den beiden Stellen, indem sie nämlich in der l. 2 Cod. VIII. 53 nicht die Frage besprochen finden, ob eine spätere Gewohnheit einem früheren Gesetze vorgehe, vielmehr behaupten, es sei Constantin gefragt worden, ob eine frühere Gewohnheit einem späteren Gesetze vorgehe, und dies habe der Kaiser so bestimmt verneint. Glück[12]) glaubt demnach in diesem Sinne das Reskript folgendermaßen übersetzen zu müssen: „Wenngleich sonst eine alte Gewohnheit ein nicht geringes Ansehen behauptet, so ist doch dieselbe nicht von solchem Gewichte, daß sie gegen die Vernunft und die gesetzliche Sanktion etwas gelten könne, wodurch jene Gewohnheit als vernunftwidrig ist aufgehoben worden.“ — Es dürfte indeß wohl zur Zeit Constantins bei den Römern kaum Gegenstand einer Anfrage gewesen sein, ob ein Gewohnheitsrecht durch ein neues Gesetz aufgehoben werden könne, da hierfür viele Beispiele vorlagen[13]). Von den neueren

---

9) Codicis Domini Iustiniani cet. pag. 1343.

10) Puchta, Gewohnheitsrecht, II. S. 203.

11) Busch, S. 197.

12) Glück, Erläuterung, I. Buch, 3. Tit. § 93 S. 517.
Höpfner, l. I. tit. II. 5. S. 72.
Thomasius, Gundling, Böhmer ebenso.

13) s. u. § 7 S. 31—32.

Juristen wurde daher dieser Erklärungsversuch auch nicht mehr aufgenommen, nur Brinz[14]) vertritt noch die Ansicht, Constantin erkläre hier, daß Gewohnheiten, wenn sie auch noch so alt und mächtig, sich vor der besseren Einsicht und dem neuen Gesetze beugen müssen. Auch Schmidt[15]) findet keinen Widerspruch in den Quellen und führt in seiner Vorlesung aus, daß Constantin gar nicht sagt, das Gesetz sei stärker als die Gewohnheit, sondern es erkläre derselbe nur negativ, die Gewohnheit sei nicht stärker als das Gesetz, was Niemand leugnen werde, da auch hier jus posterius dem jüngeren Recht derogire. Daß in l. 2 nur von der Gleichberechtigung von Gewohnheitsrecht und Gesetz gesprochen werde, und daß Nichts davon gesagt sei, daß es sich um ein jüngeres Gewohnheitsrecht gegenüber einem älteren Gesetze handele, führt er an anderem Orte aus[16]).

2. Andere verkennen den Widerspruch nicht, halten ihn aber für lösbar, und zwar:

§ 3.

a. durch nähere Bezeichnung des Wortes „lex".

Andere Rechtslehrer gehen zwar nicht soweit, den Widerspruch in den Stellen ganz zu leugnen, halten aber eine Vereinigung derselben für wohl möglich durch Beschränkung des Begriffes „lex".

Zunächst wird unter „lex"[17]) nur ein dispositives Gesetz verstanden und behauptet, es sei nicht möglich, daß die Gewohnheit ein absolut gebietendes oder verbietendes Gesetz[18])

---

[14]) Brinz, S. 151.

[15]) Schmidt, Pandekten § 3.

[16]) Schmidt, Gewohnheitsrecht, im Leipziger Programm 1881, S. 25, 26.

[17]) In dem Ausspruche Julians.

[18]) In dem Reskripte Constantins.

(lex cogens) ändere, wohl aber könne sie Dispositiv-Gesetze aufheben[19]), weil subsidiäre Gesetze mit der Privatdisposition und namentlich auch mit der Gewohnheit in keine Kollision treten und folglich auch nicht die Frage entstehe, welches von beiden den Sieg davon trage.

Seuffert, der im Allgemeinen diese Ansicht vertheidigt[20]), läßt eine Ausnahme zu für den Fall, daß Prohibitiv-Gesetze lange Zeit hindurch öfter durch öffentliche Handlungen beiseite gesetzt würden, indem er dann die Genehmigung der Staatsgewalt vermuthet.

Auch Welcker[21]) führt aus, daß ein Consensus contrarius wohl Dispositiv-Gesetze, nicht aber gebietende oder verbietende Zwangsgesetze aufheben könne, „weil ja sonst die Bürger sich über ihre höchste Staatsgewalt setzen und die Einheit des Staates aufheben würden." Derselben fehlerhaften Anschauung verfielen schon die Glossatoren, wenn sie lehrten[22]), daß nur Gesetze, welche durch einen Vertrag geändert werden können, durch Rechtsgewohnheiten aufgehoben würden.

Gegen diese Beschränkung des Wortes „lex" ist sofort zu bemerken, daß in Wahrheit ein jedes Gesetz entweder gebietend oder verbietend ist; denn auch in den sogenannten Dispositiv-Gesetzen ist das Gebot enthalten, daß etwas Rechtens sein soll, wenn von der Dispositionsbefugniß kein Gebrauch gemacht wird[23])! Man hat fernerhin wohl zu beachten, daß die Aufhebung des jus dispositivum im einzelnen Falle grundverschieden von der Aufhebung des Gesetzes selbst ist[24]); denn dieses bleibt als

---

19) Fritz, I. S. 38.

20) Seuffert, S. 360.

21) Welcker, Gewohnheitsrecht, S. 574.
Welcker, letzte Gründe, S. 513 not. f.

22) Puchta, Gewohnheitsrecht, II. S. 208.

23) Busch, S. 198 f.

24) Sturm, S. 30.

solches in voller Kraft. Es können Dispositiv-Gesetze daher nicht leichter aufgehoben werden, als zwingende Gesetze[25]).

Wenn insbesondere Fritz in seiner Ausführung sagt, da man aus der Koderstelle ersehe, daß die Derogation durch Gewohnheitsrecht bei absolut gebietenden oder verbietenden Gesetzen nicht vorkommen könne, deshalb blieben als Fälle, wo sie vorkomme, nur die subsidiären Gesetze übrig, so wird ihm mit Recht vorgeworfen, daß seine Prämisse eine petitio principii enthalte, da die Konstitution ganz allgemein von „lex" redet[23]).

Was endlich die Glossatoren angeht, so ist ihre Ausdrucksweise jedenfalls eine schiefe. Durch Vertrag kann auch das jus dispositivum keineswegs geändert werden — nur seine Anwendung hängt von der Privatwillkür ab (pactum privatorum), kommt es aber zur Anwendung, so darf es mit nichten geändert werden.

Gegen die Ansicht einiger Juristen, die den begrenzenden Markstein für die abändernde Kraft des Gewohnheitsrechts in dem Gegensatze von öffentlichem und Privatrecht erblicken, zeigt Savigny[26]) an Quellenzeugnissen[27]), daß auch einem öffentlichen Rechte sehr wohl durch Gewohnheit derogirt werden könne.

Eine eigenartige Erklärung der Worte aut rationem aut legem der l. 2 bringt Böhlau[28]), der sie durch „die Vernunft oder ein, wie die Vernunft unabänderliches Gesetz" wiedergibt. Daß „lex" sprachlich auch die unabänderliche Ordnung überhaupt, namentlich die Naturordnung bedeuten könne, weist er,

---

25) Motive, Bd. I. S. 8.
Goldschmidt, I. 1 S. 238 f.

26) Savigny, I. S. 423.

27) l. 4. Dig. de adopt. I. 7.
l. 6. Cod. de emanc. VIII. 49.

28) Böhlau, I. S. 337 ff.

ebenso wie die Beliebtheit einer adjektivischen Koordination des Wortes „ratio“ zu anderen Substantivis, aus den besten lateinischen Schriftstellern nach; dennoch muß er zugeben, daß soche Verwendung des Wortes „lex“ in einer Kaiserkonstitution auffallend sei. Er findet jedoch, daß die Uebersetzung: „die consuetudo kann durch die ihr zustehende Kraft, so groß dieselbe auch ist, doch die Vernunft und die unabänderliche Ordnung der Dinge nicht aufheben", jedenfalls das Erforderniß der rationabilis consuetudo richtig und präzis angebe.

Als „die anerkannten Rechtsgrundsätze" faßt Busch[29]) den Ausdruck „ratio“, so daß er offenbar weiter ist als lex, indem er alle Gattungen des ungeschriebenen Rechts in sich schließt, sie mögen einen Entstehungsgrund haben, welchen sie wollen. Das „„aut legem““ sei offenbar zur Vervollständigung des Satzes beigefügt, denn die hauptsächliche Quelle des bestehenden Rechtes sind und bleiben ja doch immer die direkten Aeußerungen der geschriebenen Gesetze, und der auctoritas derselben mußte darum auch hier, wenn auch nur beiläufig, und so als ob sich das dieserhalb Gesagte von selbst verstehe, gedacht werden. Er findet in l. 2 ausgedrückt, daß die consuetudo nicht allein einer lex scripta weichen müsse, sondern auch einer gemeinsamen Rechtsansicht, die in dem Laufe der Zeit eine andere geworden, und mit der sie nun nicht mehr vereinbar ist.

Eine andere Bedeutung haben eine ganze Reihe von Rechtskennern dem Begriffe „lex“ der constitutio Constantins beigelegt, indem sie unter derselben ein solches Gesetz verstehen, das sich ausdrücklich in seinem Texte gegen die Umwandlung und Aufhebung durch Gewohnheitsrecht vorgesehen hat. — So erachtet Vangerow[30]) durch diese Annahme alle Schwierigkeiten

---

[29]) Busch, S. 212 ff.

[30]) Vangerow, I. S. 47 ff.

der l. 2 für gehoben. Er führt aus, daß ein Gesetz, durch die sogenannte clausula derogativa sich zwar nicht schützen könne gegen die Umwandlung oder Aufhebung durch ein jüngeres Gesetz, wohl aber die derogatorische Kraft eines neu entstehenden Gewohnheitsrechtes durch sie breche — woraus ersichtlich, daß dem Gesetze größere Kraft innewohne, als der Gewohnheit. Dem Kaiser Constantin habe offenbar der Fall vorgelegen, daß Gewohnheitsrecht ein Gesetz, das mit der clausula derogativa versehen, umzuändern gedroht habe, und nun habe er entschieden, daß die Gewohnheit zwar große Kraft habe, aber doch nicht so große, daß sie durchdringen könnte, wenn sie der Vernunft oder dem ausdrücklichen Verbote des Gesetzes zuwiderlaufe. Uns erscheint diese Ausführung schon deswegen gewagt, weil in den Quellen kein Beispiel, nicht einmal die Andeutung der Existenz eines mit dieser Klausel versehenen Gesetzes bei den Römern zu finden ist.

Vangerow kommt weiter zu dem von vielen anderen[31]) bestätigten Resultate, daß ein Gesetz sowohl durch desuetudo als auch durch consuetudo contraria aufgehoben werden könne, abgesehen von dem Falle, daß das Gesetz die Klausel enthält, daß sich dagegen auch keine künftige Gewohnheit bilden dürfe.

Ganz im Gegensatz hierzu erklärt Brinckmann[32]) die in einem Gesetze enthaltene Klausel, daß es ewig und unverändert dauern solle, für kraftlos, selbst wenn sie ausdrücklich entgegengesetztes Gewohnheitsrecht verbietet.

Anders allerdings sei es, wenn durch eine neuere Landesgesetzgebung jedes Gewohnheitsrecht für die Zukunft als ungültig erklärt wird.

Auch Adickes[33]) spricht sich entschieden gegen die von der

[31]) Sell, Pandekten-Vorlesungen (Heft).

[32]) Brinckmann, S. 22. Anm. 4.

[33]) Adickes, S. 70—79.

herrschenden Ansicht behauptete Gleichberechtigung des Gewohnheitsrechts mit dem Gesetze aus. Den Anstoß findet er in dem Umstand, daß die Vertheidiger der Gesetzesaufhebung durch Gewohnheitsrecht sich zum großen Theile scheuen, die nothwendige Konsequenz zu ziehen, daß selbst durch die clausula derogativa ein Gesetz sich nicht schützen könne gegen die Derogation durch Gewohnheitsrecht[34]). Hierin sieht er mit Recht die Anerkennung der Superiorität des Gesetzes wenigstens für diesen einen Fall, und begreift nicht, welcher Unterschied zwischen diesem Fall und allen anderen Fällen ist, da ein ausgesprochener Staatswille in jedem Gesetze vorliege. Aber trotz der geistreich durchgeführten Vertheidigung der Superiorität des Gesetzesrechts wird dann auch Adickes selbst gezwungen, die thatsächliche Beseitigung des Gesetzes durch Gewohnheitsrecht zuzugestehen, der er selbst die Rechtswirkung nicht absprechen kann, so daß er unter Anführung eines drastischen Beispieles[35]) zeigt, wie eine Abänderung von Gesetzesrecht durch Gewohnheitsrecht materielles Recht sein kann, obgleich mit Verletzung positiven Rechts. Die desuetudo durch Nichtanwendung kann Adickes nicht leugnen und diese Nichtanwendung liegt doch auch zunächst in der Anwendung eines entgegenstehenden Rechtssatzes!

Adickes kann uns aus den angegebenen Gründen von der Ueberlegenheit des Gesetzes über das Gewohnheitsrecht nicht überzeugen, wenngleich wir der scharfen und klaren Ausführung jener Ansicht volle Anerkennung schenken.

Auf „die Zeit", d. i. die wiederholte Uebung, legt der Ver-

---

[34]) Wenn Adickes übrigens Windscheid die clausula derogativa als kraftlos bezeichnen läßt (S. 71), so erklärt dies der Umstand, daß Windscheid selbst seine Ansicht hierüber geändert hat.

(Windscheid, Pandekten I § 18 Anm. 3 in der 6. Auflage 1887) s. u. § 14. S. 56—57.

[35]) Adickes, S. 77.

fasser entschieden mehr Werth, als auf das ideale Moment des Gewohnheitsrechts, die opinio necessitatis, die er recht in den Hintergrund drängt.

§ 4.

b. Der Versuch, den Widerspruch durch Modifikation des Wortes „consuetudo" zu lösen.

Wie das Wort „lex", so hat auch der Begriff „consuetudo" in l. 2 verschiedene Modifikationen erfahren.

Wohl der älteste derartige Versuch, der sich schon in einer Scholie zu den Basiliken[36]) findet, besteht darin, daß man zwischen der consuetudo contraria der l. 2 Cod. VIII. 53 und der desuetudo der l. 32 Dig. I. 3 einen Unterschied sucht, und geltend macht, Constantin erkläre nur diejenige Gewohnheit für unwirksam, die das Gesetz abschaffe und zugleich etwas Neues an dessen Stelle setze, nicht aber eine das Gesetz bloß außer Anwendung setzende desuetudo und die Usualinterpretation[37]). Elvers bemüht sich, diese Ansicht besonders auch durch den Gebrauch der betreffenden Ausdrücke in den Quellen zu beweisen, wobei er aber recht einseitig vorgehen dürfte, indem er immer die zu beweisende Behauptung[38]) als schon feststehend seinen Erklärungen zu Grunde legt, bis er dann schließlich zu dem Resultate kommt, es sei überhaupt im ganzen römischen Recht kein Beispiel zu finden, wo contra legem und contra jus scriptum durch consuetudo ein novum jus gegründet worden. Vielmehr sei die nöthig werdende Milderung, Fortbildung und Erweiterung, wenn nicht durch neue Gesetze, so durch die Interpretation der Juristen oder das prätorische Recht bewirkt worden, welche beide gerade dadurch ihre eigentliche Bedeutung erhielten. Obgleich nun diese Unterscheidung

[36]) ad lib. II. tit. 1 fr. 51.

[37]) Schweitzer, de desuetudine pag. 46 ss.

[38]) Elvers, S. 379 f.

für unsere Aufgabe keinen bedeutenden Werth haben dürfte, sei es uns gestattet, von den vielen Ausführungen dieser Ansicht, hier eine einzige zu erwähnen, die durch ein hartnäckiges Verfolgen von großentheils auf Aeußerlichkeiten gestützten Hypothesen zu einigen Schlüssen gekommen ist, deren Gehalt kaum zu vertheidigen sein könnte.

Es bezeichnet nämlich Klötzer[39]) desuetudo und consuetudo contraria für „grundverschiedene Dinge" und setzt sich hierdurch sogleich mit Puchta[40]) und dessen Anhängern in den entschiedensten Widerspruch. Desuetudo sei die Aufhebung, Ablegung einer consuetudo — was allenfalls zugegeben werden kann. Wenn er aber daraus schließt: es sei daher etwas sehr Verschiedenes zu sagen: „Ein Gesetz consensu omnium abbringen" und „Ein Gesetz durch Gewohnheit abbringen", so dürfte das mit den Quellen kaum vereinbar sein. Er muß denn auch selbst zugeben, daß unter der desuetudo der Republik auch die consuetudo contraria mitbegriffen sei und Julians Ausspruch auch von ihr zu verstehen sei — aber in der Monarchie habe es gewiß keine consuetudo abrogativa gegeben! Der Umstand, daß Julian zu Hadrians Zeit lebte und besonders, daß Justinian seinen Ausspruch aufgenommen, widerlegt diese Behauptung.

Desuetudo und consensus contrarius sind aber garnicht zu trennen, oder man faßt den Begriff desuetudo falsch. Damit sie eintreten könne, muß Veranlassung zur Anwendung des alten Gesetzes vorgelegen haben[41]); denn dadurch unterscheidet sie sich von dem reinen nonusus, der nur ein Gesetz aufheben kann, dessen Gegenstand unzweifelhaft und

---

[39]) Klötzer, S. 89—100.

[40]) Puchta, II. S. 5 ff.

[41]) Danz, I. S. 188 f.

gänzlich fortgefallen ist. Den Unterschied der Macht des Unterthanenwillens in einer Republik und einer Monarchie bespricht Klötzer in weitläufiger Erörterung, um schließlich durch den Ausdruck „consuetudo usurpata“ bei Plinius die „Unrechtmäßigkeit“ der dem Gesetze derogirenden Gewohnheit darzuthun. Endlich schließt er aus dem Ausspruche Ulpians, „wo das Gesetz schweige, da fülle das Gewohnheitsrecht die Lücken aus“, — daß das Gewohnheitsrecht nur diese aushelfende Kraft besitze! Den eigentlichen Fehler seiner Abhandlung glauben wir darin zu finden, daß er allein die Gewöhnung für das bestimmende Element im Gewohnheitsrecht hält.

Zu dem gerade entgegengesetzten Resultate kommt Puchta[42]), der behauptet: die Ansicht, das Gewohnheitsrecht stehe gegen Gesetzesrecht zurück, sei in allen Formen, die man ihr gebe, falsch. Er unterscheidet genau die tacita civium conventio, welche das Recht bilde, von der consuetudo, der Erscheinung derselben nach außen hin, so daß er letztere den Spiegel, die Bestätigung, die Erkenntnißquelle der ersteren nennt. Hieraus macht er den Unterschied zwischen thatsächlicher Gewohnheit und Gewohnheitsrecht und bezeichnet die Annahme, daß in l. 2 von Gewohnheitsrecht und seiner Autorität gesprochen werde, als den gemeinschaftlichen Fehler aller Erklärungen dieses Quellenzeugnisses[43]). Seiner Ansicht nach werde hier nur der „Gewohnheit an sich“ die derogatorische Kraft abgesprochen, die sie erst erhalte durch das Hinzutreten der gemeinsamen Rechtsüberzeugung als inneres Moment; werde diese unmöglich gemacht, so werde die consuetudo kraftlos. Constantin stelle also nur fest, daß niemals das äußere

---

[42]) Puchta, S. 20.

[43]) Puchta, II. S. 213.

Moment des Gewohnheitsrechts den inneren Gehalt ersetzen oder aufheben könne: usus vincit nec rationem nec legem!

In unserer Zeit tritt dieser Auffassung eine ganze Reihe von Gelehrten entgegen, so daß Zitelmann[44]) jene Ansicht als die jetzt herrschende Meinung bezeichnet, wonach die Uebung nicht bloß die „Erscheinungsform", sondern zugleich die „Entstehungsart" des Gewohnheitsrechts ist[45]) und das Erforderniß der allgemeinen Rechtsüberzeugung nicht gefordert wird. Es entstehe ein Rechtssatz dadurch, daß er längere Zeit da, wo er Anwendung zu finden hatte, auch thatsächlich als Rechtssatz angewendet, geübt worden ist[46]). Zitelmann hebt in der geistvollen Abhandlung die vollständige Gleichgültigkeit der Rechtsüberzeugung hervor und sagt mit Windscheid[47]): „der Macht der Thatsache, welche sich eine längere Zeit hindurch zu behaupten im Stande gewesen ist, vermag sich kein menschliches Gemüth zu entziehen; was lange Zeit gewesen ist, erscheint uns bloß deswegen, weil es gewesen ist, als Recht".

Wir können uns dieser Ansicht nicht anschließen, obgleich wir die Nothwendigkeit der Uebung neben der Rechtsüberzeugung anerkennen[48]). Uebrigens glauben wir trotz des von Zitelmann angezogenen Satzes bei Windscheid zu finden, daß nur in bestimmten engbegrenzten Fällen von der Rechtsüberzeugung abgesehen werden kann, während sie in den „regelmäßigen Fällen" zu fordern ist[49]).

Puchta's Unterscheidung von „desuetudo im natürlichen Sinne" und „Gewohnheitsrecht" ist ganz richtig, dennoch ist

[44]) Zitelmann, S. 377.

[45]) Baron, S. 14.

[46]) Zitelmann, S. 445 ff.

[47]) Windscheid, S. 45 not. 2.

[48]) Entscheidungen des Reichsgerichts, XX. S. 305.

[49]) Windscheid, S. 45 not. 2.

diese Ausführung für die vorliegende Antinomie sehr wenig durchschlagend, da im konkreten Falle die Frage, ob eine Uebung tauglich sei, das Dasein eines Volksrechts zu konstatiren, recht schwer zu entscheiden sein dürfte[50]), auch wohl von einer bloßen Gewöhnung nicht gesagt werden könnte, sie habe „kein geringes" Ansehen.

Da übrigens l. 1 und l. 3 Cod. VIII. 53 von Rechtsgewohnheiten handeln, ist es auch schon aus diesem äußerlichen Grunde sehr unwahrscheinlich, daß l. 2 eod. von irgend einer gleichgültigen Gewohnheit spricht.

Eine ganze Reihe von Schriftstellern[51]) nehmen dem Gewohnheitsrechte seine eigenthümliche Kraft und legen ihm nur die unbedeutende Eigenschaft bei, die Initiative zu einem Gesetze werden zu können, indem sie demselben nur für den Fall des consensus specialis imperantis aufhebende Kraft zuerkennen.

Voet[52]), der grundsätzlich dem Gewohnheitsrecht gleiche Kraft zuspricht, wie dem Gesetze, erklärt l. 2 durch das monarchische Prinzip der Constantinischen Regierung. Er geht sogar so weit, zu behaupten, das Gesetz könne sich gegen die derogatorische Kraft des Gewohnheitsrechts selbst nicht durch die clausula derogatoria schützen; vorausgesetzt, den stillschweigenden Consens des Prinzeps in einem monarchischen Staate: nam cum omnem legis condendae potestatem populus in Principem transtulerit, et naturali ratione ejus sit solvere, qui potest ligare, ac ejus sit nolle, qui potest velle[52]).

---

[50]) Guyet, S. 21.

[51]) So z. B. Glück, Erläuterung S. 453.
Thibaut, I. S. 32.
Braun, I. S. 27.

[52]) Voet, tom. I. pag. 18 et 20.

Dieselbe Ansicht drücken Andere aus, wenn sie den Gesetzgeber „die negative Ursache des Gewohnheitsrechts“ nennen, weil ja derselbe es verbieten könnte und es nicht thut!

Deshalb sagt Hamm: consuetudo est tacita legislatoris voluntate introducta[53]).

Schwanert führt gegen das Postulat der Anerkennung durch den Staat richtig aus[54]), daß die Versagung der Anerkennung eine wirkungslose wäre, da die Macht der Gewohnheit eine allumfassende sei und sich auch die Organe des Staates und damit den Staat selbst unterwerfe, der doch nur in und mit dem Volke lebe, und deshalb wesentlich in gleicher Weise wie die Einzelnen das Bewußtsein der Willkür und den Willen gegenüber der Gewohnheit verliert.

Grotius vertheidigt noch die Ansicht: „consuetudo a populo subdito introduci potest ex eo quod ab imperium habente tolleratur“, erklärt aber sodann[55]), daß kein bestimmter Zeitpunkt für das Inkrafttreten derselben anzugeben sei und richtet sich demnach schon gegen die früher vielfach vertretene Meinung, das Gewohnheitsrecht müsse „verjährt“ sein, ein Postulat, das man fallen ließ, als man klar einsah, daß die Quellen — wenigstens die römischen — von einem ganz unbestimmten Zeitraum sprechen.

Ein Theil derjenigen, welche die derogatorische Kraft des Gewohnheitsrechts von der Einwilligung des Gesetzgebers abhängig machen, stützen ihre Ansicht auf die Worte „sui momento“ in l. 2 und sagen, daß das Gewohnheitsrecht, das „an sich“ die aufhebende Kraft nicht habe, diese durch des Gesetzgebers ausdrückliches oder stillschweigendes Einverständniß erhalte[56]).

---

[53]) Hamm, pag. 23.

[54]) Schwanert, S. 21 ff.

[55]) Grotius, pag. 154 (l. 2 c. IV. 5).

[56]) Klötzer, S. 120 ff.

Der Versuch, in dieser Weise aus den Worten des Textes heraus zu interpretiren, ist jedenfalls vernünftig und anerkennenswerth, dürfte auch im Allgemeinen mehr Wahrscheinlichkeit für sich haben, als das Aufstellen von mehr oder weniger gewagten Hypothesen.

Eine andere durch ihre überraschende Einfachheit und ihre grammatische Präzision vortheilhaft sich auszeichnende Erklärung bietet schon die Glosse, indem sie sagt, die Gewohnheit habe nicht „sui momento" derogatorische Kraft, sondern erst dadurch, daß sie jus posterius werde.

Aeltere Juristen behaupteten vielfach, daß Constantin sich lediglich gegen unvernünftige Gewohnheiten richte, so erklärt Noodt[57]) in seinem Pandekten-Kommentar, er finde in l. 2 nicht die Frage, ob Gewohnheitsrecht ein älteres Gesetz aufheben könne, sondern ob die Macht des Gewohnheitsrechts so groß sei, daß es selbst der besseren Einsicht und dem Gesetze nicht weiche. Er läßt Constantin auf die Anfrage, ob dem Kaiser die Macht zustehe, ein altes Gewohnheitsrecht durch ein neues entgegengesetztes Gesetz zu brechen, den Bescheid geben, zwar habe altes Gewohnheitsrecht große Kraft, wenn es rationell sei, aber es könne eine unvernünftige Gewohnheit ebensowohl durch ein Gesetz als durch die ratio ersetzt werden. Braun[58]) entgegnet hierauf neben anderen wenig durchgreifenden Sätzen: „wie hätte überhaupt ein Beamter wagen können, dem despotischen Constantin die Frage vorzulegen, ob er glaube, so viel Herr im Land zu sein, daß er ein Herkommen verwerfen könne?"

Ziemlich willkürlich dürfte die Auslegung von Glück[59]) erscheinen, nach der die l. 2 nur von derjenigen Usualinterpretation

---

[57]) Abgedruckt bei Voet, tom. III pag. 14.

[58]) Braun, S. 28.

[59]) Glück, S. 44 f.

spricht, welche dem Sinne des Gesetzes entgegen ist und deshalb geringere Kraft hat als dieses.

Baron[60]) trägt kein Bedenken, die Antinomie der Quellen aus historischen Gründen zu Gunsten der Constantinischen Verordnung zu entscheiden, indem er die consuetudo contra legem und praeter legem unterscheidet und nur die letztere für erlaubt hält.

In ein Dilemma bringt sich künstlich hinein Jäger bei seinem wenig geglückten Versuche[61]), die streitigen Stellen zu vereinigen[62]). Er nimmt nämlich an, l. 2 handle von einem konkreten Falle, „wo eine gültige lex in Widerstreit getreten sei zu einer bestehenden Gewohnheit." Da man nun nicht ernstlich daran denken kann, daß wirklich Gesetz und widerstreitendes Gewohnheitsrecht beide nebeneinander bestehen könnten, indem ein Gesetz entweder noch so stark ist, eine dagegen aufkommende Gewohnheit zu unterdrücken, oder aber die Macht des thatsächlichen Zustandes so groß ist, daß er schon zu einem rechtlichen wurde, so daß eben dagegen kein „noch gültiges" Gesetz denkbar ist, dürfte auch Jägers Ausspruch dahin zu erklären sein, daß er an die Usualinterpretation denkt. Diese könnte man vielleicht eine Uebergangsstufe zwischen Gesetz und dagegen entstehende Gewohnheit nennen!

Eine ganz besondere „Auslegung" der vielbestrittenen Konstitution bringt Lüders[63]) in einer Untersuchung über den Ursprung der vierzigjährigen Verjährung der specialis in rem actio.

Verfasser führt im ersten Theile seiner Schrift aus, daß Constantin um 324 ein umfassendes Verjährungsgesetz erlassen

---

60) Baron, S. 15.

61) Jäger, S. 430 ff.

62) Sturm, S. 31.

63) A. P., S. 133—139 (kritische Vierteljahresschrift, Bd. VII).

habe, und verwendet dies Resultat im zweiten Theile in folgender Weise zur Erklärung der l. 2. „Sprachlich sei gewiß zulässig", daß die Worte consuetudo ususque longaevus „Ausübung eines subjektiven Rechts" bezeichnen, ebenso wie „usus" auf ein dingliches Recht hinweise. Daraus ergebe sich, daß dem Kaiser ein Fall vorlag, wo der Beklagte einer dinglichen Klage gegenüber auf lange Zeit hindurch fortgesetzten Gebrauch des Rechtes (consuetudo longaevus), auf die vetustas sich berufen hat! Dieser Einrede nun wird non vilis auctoritas, nicht aber derogatorische Kraft gegen ratio und lex beigelegt! — Abgesehen von großen grammatischen Bedenken, erregt diese Ansicht auch starken Zweifel durch die Einreihung der lex unter einen Titel (VIII. 53), der nur von Gewohnheitsrecht im objektiven Sinne handelt.

§ 5.

c. Vereinigungs-Versuche durch nähere Bestimmung der beiden Begriffe „lex" und „consuetudo".

Endlich wird der Versuch der Vereinigung in der Weise angestellt, daß man die beiden Worte „lex" sowohl als „consuetudo" in l. 2 modifizirt.

Eine ziemlich gesuchte Erklärung, der man jedoch die „Möglichkeit" durchaus nicht abstreiten kann, dürfte zunächst die von Gesterding gebrachte sein[64]). Er nimmt l. 2 von einem Falle, wo Gesetz und Gewohnheit mit einander in Kollision treten, nicht aber die Rede davon ist, daß eins das andere aufhebe, sondern welches von beiden in der Anwendung auf den vorliegenden Fall das andere ausschließen soll." Es habe also das Gesetz den Vorzug, wenn Gesetz und Gewohnheit vorhanden sind, beide aber den vorliegenden Fall nicht entscheiden und deshalb die Frage entsteht, ob er nach Analogie des Ge-

[64]) Gesterding, S. 277—280.

setzes oder der Gewohnheit zu entscheiden sei. Jedenfalls dürfte es recht schwierig sein, aus dem Texte „consuetudo non vincit legem“ dies herauszulesen!

Mit dieser Ansicht streitet, wie Guyet mit Recht bemerkt[65]), „um die Palme der Absonderlichkeit“ die von Mevius ernsthaft geäußerte Meinung, l. 2 sage: Wenn das Gesetz bereits außer Gebrauch gekommen und das Gegentheil Gewohnheitsrecht geworden ist, soll letzteres gültig sein, — so lange aber das Gesetz noch in lebendiger Uebung ist, kann ihm eine entgegenstehende Gewohnheit keinen Abbruch thun! Man denke sich die „lebendige Uebung“ des Gesetzes trotz entgegenstehender Gewohnheit!!

Daß Constantin nur von der consuetudo und der lex in abstracto rede, nicht aber das Verhältniß einer konkreten Gewohnheit zu einem konkreten Gesetze bestimme, spricht schon Donellus aus in dem Satze: totum hoc dictum est de consuetudine et lege in suo genere, non in specie hujus aut illius vel consuetudinis vel legis[66]). Für ihn hat das Reskript den Sinn, eine consuetudo in genere ist nicht stärker, als eine lex in genere — womit es sich sehr wohl verträgt, daß eine lex populi Romani durch eine consuetudo populi Romani aufgehoben werde, nicht aber, daß eine consuetudo municipii einer lex populi Romani oder einer constitutio Principis derogire.

Derselben Ansicht ist Merlin[67]), der für dieselbe eine große Anzahl Entscheidungen französischer Gerichtshöfe beibringt. L. 2 versteht er von partikulärem und l. 32 von universalem Gewohnheitsrecht.

---

65) Guyet, S. 24.

66) Donelli comm. vol. I pag. 69.

67) Merlin, tome XIII pag. 230—231.

Mehr oder weniger anschließend an diese Meinungen bezieht Savigny die l. 2 nicht auf Gewohnheiten überhaupt, sondern nur auf partikuläre, die allerdings im Konflikt mit einem absoluten Landesgesetze zurückstehen sollen[68]). Für seine Ansicht, daß hier an kein allgemeines Gewohnheitsrecht zu denken sei, bringt er scharfsinnig als Gründe vor[69]), daß gewiß nur über solche Gewohnheitsrechte verfügt werden sollte, welche künftig neu entstehen könnten, daß dies aber zu Constantins Zeit nur mehr von partikulären zu erwarten gewesen sei; wie denn auch der gewissermaßen geringschätzende Ausdruck: „non vilis auctoritas“ für eine Nationalsitte unpassend gewesen wäre; andererseits sei unter lex zu jener Zeit entschieden nur ein Kaisergesetz zu verstehen gewesen, also ein Landesgesetz. Diese selbst theilt Savigny wieder in absolute und „vermittelnde“, je nachdem sie mit unabänderlicher Nothwendigkeit gelten sollen oder dem individuellen Willen zunächst freie Macht lassen[70]) und er bezeichnet die „lex“ des Constantinischen responsum als eine absolute, die als solche das partikuläre Gewohnheitsrecht ausschließt, mag es schon früher entstanden sein oder erst später aufkommen. Seine Uebersetzung der l. 2 lautet in diesem Sinne: „Wenn eine partikuläre Gewohnheit entweder mit dem Staatsinteresse[71]) oder mit einem absoluten allgemeinen Landesgesetze in Widerspruch tritt, muß die Gewohnheit weichen.“ Zu dem übereinstimmenden und noch schärferen Satze, das partikuläre Gewohnheitsrecht dürfe sich mit keinem gemeinrechtlichen Satze in Widerspruch setzen, kommt Guyet durch eine kritische Erklärung[72]) der Inskriptionen und Subskriptionen der l. 2 Cod.

[68]) Savigny, I. S. 153.

[69]) Savigny, S. 421 ff.

[70]) Savigny, I. S. 57.

[71]) Dies zieht er aus „ratio“.

[72]) Guyet, S. 27.

de cons. Das Reskript Constantins ad Proculum, proconsulem Africae, so führt er aus, konnte nur durch eine partikuläres Gewohnheitsrecht betreffende Anfrage hervorgerufen werden, da Proculus ja nur „Africa proconsularis“ — von den Säulen des Herkules bis an die Grenze von Lybia Cyrenaica verwaltete, und er also nur über diese verhältnißmäßig kleine Provinz Bericht zu erstatten hatte.

Mit diesen Ausführungen stimmen besonders viele französische Juristen überein, so Merlin und Toullier[73]): „un usage local et particulier n' aurait pas la force d' abroger une loi générale, même dans le lieu, où cet usage serait établi.“

Sturm, der übrigens entschieden die Ansicht vertritt, daß der allgemeine Staatswille das entgegenstehende Gewohnheitsrecht ausschließen könne[74]), stützt sich auf den von Savigny entwickelten[75]) und von Windscheid[76]) noch bestimmter ausgesprochenen Grundsatz, „daß der allgemeine Wille eben nur durch den allgemeinen Willen überwunden werde und daher nur partikuläres Gewohnheitsrecht keinen gemeinrechtlich zwingenden, d. h. die individuelle Willkür ausschließenden Rechtssatz aufheben könne.“ Er kommt so zu dem Resultate, daß das Gewohnheitsrecht das bestehende Recht nicht nur ergänzen, sondern auch aufzuheben vermöge und in l. 2 nur gesagt werde: „Gegen ein allgemeines Gesetz, welches das partikuläre Gewohnheitsrecht ausdrücklich ausschließt, kann ein partikuläres Gewohnheitsrecht nicht bestehen, eine wie große Bedeutung demselben auch sonst zukommen mag.“

Man sieht, Sturm und seine Anhänger schreiben dem Gesetze eine gewisse Superiorität über das Gewohnheitsrecht

[73]) Toullier, tome I pag. 104.

[74]) Sturm, S. 34 f.

[75]) s. o. S. 22.

[76]) Windscheid, S. 52.

zu, indem sie ihm die Kraft geben, sich gegen den Einfluß desselben zu wahren. Später[77]) werden wir genauer auf diesen Versuch eingehen müssen.

§ 6.

II. Im Gegensatze zu all diesen Bemühungen halten einige Gelehrte eine Vereinigung der Quellenstellen für unmöglich.

Im direkten Gegensatz zu den angeführten mannigfachen Vereinigungs-Versuchen stehen diejenigen, welche eine Vereinigung der beiden Quellenzeugnisse nicht für möglich halten, wie Gneist, der l. 2 für nicht erklärbar hält[78]), da sie aus einem Zusammenhange gerissen, den wir nicht kennen — übrigens sei es aber klar, daß das Gewohnheitsrecht dieselbe Kraft wie das Gesetz habe!

Wächter theilt die Ansicht, daß man zu einem sicheren Resultat über den Sinn der Verordnung Constantins nicht kommen werde[79]), während Dernburg sich geradezu dahin äußert, es sei unmöglich, das unbedingte Ja Julians und das unbeschränkte Nein Constantins zu vereinigen, ohne den Aeußerungen Gewalt anzuthun[80]). Keller endlich interpretirt die lex „als Erzeugniß des absolutistischen selbstgefälligen und bornirten Wesen Constantins", dem nächstliegenden Wortsinn gemäß und läßt sie als „nicht rezipirt" weiter unbeachtet.

Gegen die l. 32 Dig. de leg. wandten sich nur wenige und veraltete Juristen und suchten sie zu erklären[81]) und zu entschuldigen durch republikanische Grundsätze, mit denen in

---

[77]) s. u. § 14 S. 55—58.

[78]) Gneist, Kollegien-Heft über Pandekten.

[79]) v. Wächter, Pandekten, S. 110.

[80]) Dernburg, S. 62.

[81]) So z. B. Irnerius et Martinus, Glossa ad l. 2 Cod. VIII. 53 und Schömann, Handbuch des Civilrechts, Bd. I. S. 56 ff.

späterer Zeit der Monarchie die derogatorische Macht des Gewohnheitsrechts fortgefallen sei. Aber schon die Persönlichkeit Julians „als geheimer Rath eines Kaisers und Großvater eines anderen“ [82]) widerspricht dieser Auffassung.

Von den Neueren vertritt besonders Endemann energisch diesen Standpunkt[83]) Zu Constantins Zeit sei die Regierung nicht mehr mit dem Volke identisch gewesen und habe keine Gleichberechtigung desselben anerkannt. Ganz und gar gelöst sei die ganze Frage erst dann, wenn die Identität zwischen der positiven Gesetzgebung und der fingirten Rechtsbildung im Volk wirklich da sei, oder die eine der widerstrebenden Gewalten total besiegt sei.

Trotz alledem dürfte es wohl genügen, hiergegen daran zu erinnern, daß doch einmal die Stelle von Justinian in seine Sammlung aufgenommen wurde. Von einer irrthümlichen Aufnahme aber — die von Einigen behauptet wird — kann nicht die Rede sein, da dieselbe Ansicht von Justinian noch anderweitig vertreten wird, was wir unten zu zeigen gedenken[84]). Ueberhaupt sollte man, obgleich sich ja trotz der feierlichen, gegentheiligen Versicherung[84a]) Justinians thatsächlich Irrthümer in seiner Sammlung finden, jeden anderen Weg versuchen, die Antinomie oder den scheinbaren Widerspruch zu heben, bevor man zu dem billigen und bequemen Auswege sich flüchtet, den Kaiser eines Versehens zu beschuldigen.

Geradezu unglaublich ist es überdies, daß Justinian durch l. 2 die in den Institutionen und Digesten[84]) vertretene Ansicht

---

[82]) Schmidt, Gewohnheitsrecht, S. 16 f.

[83]) Endemann, S. 30 f. und die Einleitung.

[84]) s. u. § 7 S. 31—32.

[84a]) In der const. Tanta § 15.

„Contrarium autem aliquid in hoc Codice positum nullum sibi locum vindicabit, nec invenitur, si quis subtili animo diversitatis rationes excutiet“.

habe ändern wollen[85]), er hätte nämlich dann das im Jahre 529 Bestimmte im Jahre 533 durch Institutionen und Digesten widerrufen und 534 im codex repetitae praelectionis wieder festgestellt! Auch ist es falsch, der Kodexstelle den Vorzug geben zu wollen[85a]), da dieser Theil der Sammlung jünger ist, als Institutionen und Digesten; denn Justinian erklärt ausdrücklich[86]), daß er ein großes Gesetzbuch schaffen wolle, und der Augenblick der Publikation seiner Theile ist ein zufälliger. Für die Novellen gilt allerdings der Satz jus posterius derogat priori den übrigen Theilen der Sammlung gegenüber[87]) und man könnte daher eventuell als letztes Mittel dazu greifen, die l. 2 durch die unten[88]) angezogene Novelle 89 c. 15 außer Kraft zu setzen!

Einen energischen Versuch, den Satz „die Gewohnheit hat keine derogatorische Kraft" zu begründen, finden wir bei Klötzer[89]), der sich auf die verschiedenen Bedeutungen des Wortes „lex" zu verschiedenen Zeiten stützt und leugnet, daß l. 32 von consuetudo abrogativa spricht. Er meint „das Verdammungsurtheil über das Gewohnheitsrecht spricht l. 2 aus!"

§ 7.

Unsere Ansicht.

Von den mannigfachen erörterten Ausführungen kann uns keine vollständig überzeugen.

Wenn wir übrigens bei einigen Ansichten uns auf eine Widerlegung nicht einließen, so geschah dies theils, um Wieder-

---

[85]) So Brinckmann, S. 23.

[85a]) Dies will z. B. Mackeldey, I. S. 117.

[86]) l. 2 § 12 § 23 Cod. de vet. jure en. I. 17.

[87]) Baron, S. 24.

[88]) s. u. § 7 S. 32.

[89]) Klötzer, S. 49 – 126.

holungen zu vermeiden, die bei den oft nur in unbedeutenden Punkten abweichenden Meinungen nothwendig gewesen wären, theils auch weil bei einigen der mitgetheilten Auffassungen kein direkter Gegenbeweis möglich war, da sie auf reinen Hypothesen beruhend, möglicherweise das Richtige getroffen haben könnten. Wenn wir dennoch eine erschöpfende Darstellung der verschiedenen Ansichten zu geben versuchten, so geschah dies gerade um zu zeigen, in wie vielfachem Sinne sich die Konstitution auslegen läßt. Denn daß den Auslegungsversuchen zum großen Theil eine Berechtigung, oft sogar eine scharfe Erwägung nicht abgesprochen werden kann, ist mehrfach betont worden.

Daraus aber erhellt auch wohl schon, daß eine vollständig befriedigende Lösung kaum zu erzielen ist — der Grund dafür mag darin zu suchen sein, daß weder der Zusammenhang, aus dem der eine überlieferte Satz der l. 2 gerissen ist, noch die Frage, die das Reskript beantwortet, uns bekannt ist.

Jene Ansicht aber, die wir wohl die Savigny-Vangerow-Windscheid'sche nennen dürfen, weil sie von diesen drei bedeutendsten Gelehrten stufenweise aufgebaut wurde — jene Ansicht[90]), daß ein partikuläres Gewohnheitsrecht keinen gemeinrechtlichen zwingenden Rechtssatz aufheben, der allgemeine Wille vielmehr nur durch den allgemeinen Willen überwunden werden könne, wenn das Gesetz ihn nicht im Voraus für unverbindlich erklärt habe — hat am meisten logischen und juristischen Inhalt, indem uns hier sogleich das ganze Verhältniß des Gesetzes zum Gewohnheitsrecht vor Augen gestellt wird.

Doch aus dem Wortlaute der l. 2 cit. ist dieses System ohne Weiteres jedenfalls nicht zu ersehen. — Es soll in Nachstehendem der Versuch gemacht werden, mittels der grammatischen Interpretation festzustellen, was die lex wirklich enthält.

[90]) Windscheid, S. 52.

Wenden wir uns daher nochmals ganz vorurtheilsfrei dem Texte des Constantinischen Reskriptes zu, so sehen wir, daß der Vordersatz wohl ganz klar sein dürfte[91]); denn „consuetudo" kann doch in diesem Titel (VIII. 53) nichts anderes als „Gewohnheitsrecht" bedeuten — was sich aus den anderen ihm eingereihten Konstitutionen ergiebt[92]).

Im Nachsatze bedürfen nur die Worte „sui momento", „ratio", „aut-aut" und „vincere" einer Erläuterung. Momentum in seiner eigentlichsten Bedeutung ist „das die Bewegung Bewirkende"; oder tropisch: die „Bedeutung, Kraft"[93]).

„Momentum sui" ist also die Kraft, die einem Begriffe als solchem innewohnt, ihm immanent, inhärent ist. „Die Gewohnheit ist also durch die ihrem Begriffe innewohnende Kraft nicht so stark, daß sie . . ." Daß diese Worte nicht zufällig hinzugefügt sind, war schon den Glossatoren klar, und sie gaben dieselben durch „natura sua suisque viribus" wieder. Seitdem wird der Ausdruck, soweit wir aus der vorliegenden Litteratur es beurtheilen können, nicht mehr in diesem Sinne ausgelegt. Manche, besonders Gesterding, haben behauptet[94]), es sei auf diese Worte gar kein Gewicht zu legen, weshalb die Basiliken sie „als unnütz weggelassen".

Die Stelle der Basiliken[95]) aber hat folgenden Wortlaut: *Τῆς συνηθείας καὶ τῆς χρήσεως ἡ αὐθεντία οὐκ ἐπὶ τοσοῦτον ἰσχύει, ἐς καὶ τὸν λογισμὸν καὶ τὸν νόμον ὑπερνικᾶν.* — Ist denn etwa nicht „*αὐθεντία*" eine treffende Uebersetzung von „sui momento"!

---

91) Consuetudinis ususque longaevi non vilis auctoritas est: verum non usque adeo sui valitura momento ut aut rationem vincat aut legem.

92) Heumann, S. 106.

93) Heumann, S. 347.

94) Gesterding, S. 273.

95) l. II. 51.

Was nun aber sollen die Worte hier bedeuten?

Wenn Constantin gesagt hätte, lex non usque adeo sui valitura momento, ut legem vincat, so würde kaum Jemand daran zweifeln, daß die Erklärung in dem Satze jus posterius derogat priori gegeben ist. Warum soll er nicht auch bei der consuetudo, die „legem imitatur[96])“ die Lösung bieten?

Wir tragen kein Bedenken, die Quellenstelle dahin zu verstehen, daß das Gewohnheitsrecht an sich nicht stärker sei, als das Gesetz an und für sich, ebensowenig als ein späteres Gesetz in sich selbst größere Kraft birgt, als ein gleichartiges früheres. Wenn trotzdem ein jüngeres Gesetz und ein neueres Gewohnheitsrecht einem früheren Rechtssatze derogiren, so thun sie das nicht „sui momento“, sondern das Zeitalter, welches sie erzeugte, sowie der veränderte Wille des Volkes und seiner Vertretung sind das momentum, das ihnen die Kraft verleiht, altes und unpraktisches Recht durch neue und lebendige Normen zu ersetzen, die ihre Geltung behalten, bis wieder eine neue Epoche anbricht, mit anderen Lebensbedürfnissen und anderen Rechtsanschauungen, welche neue Gesetze diktiren, neue Gewohnheitsrechte schaffen, die vermöge des Vorzuges ihrer späteren Entstehung die alten Rechtssätze verdrängen.

Daß diese Auslegung nicht mit der logischen Interpretation zu vereinigen sei, wird wohl Niemand ihr vorwerfen können.

Selbstredend vermögen wir nicht zu beweisen, daß sie die richtige ist; aber daß sie die einfachste, die wir kennen, und eine mit allen anderen Quellenzeugnissen harmonirende ist, genügt uns.

„Ratio“ die „Berechnung“ wird in übertragener Bedeutung sehr häufig als „Grundsatz, Prinzip, Wissenschaft“

---

96) § 9 Inst. de jure I. 2.

gebraucht[97]). Im corpus juris ist „ratio" die Wissenschaft κατ' ἐξοχήν, die „Rechtswissenschaft, die Gesammtheit der Rechtsbestimmungen[97a])."

Ferner dürfte hier die Bemerkung nicht überflüssig sein, daß das „aut-aut" des Textes, obgleich ja im Allgemeinen unter den conjunctiones disjunctivae dieses doppelte „aut-aut" nachdrücklich die strengste Trennung ausdrückt, hier nur ein „neque-neque" ersetzt, wie dies in negativ anfangenden Sätzen fast immer geschieht. Also consuetudinis ususque auctoritas usque adeo sui valitura momento ut neque rationem vincat neque legem[98]. Neque-neque ist aber stets conjunctio copulativa, kann also sehr wohl ratio mit lex verbinden.

Daß der Ausdruck „vincere" im Sinne von „derogare" gebraucht sei, wurde auch bestritten. In diesem Sinne kennt es aber schon Tacitus[99]).

Einen besonderen Vortheil unserer Auslegung sehen wir noch darin, daß durch sie eine Stelle des Feudisten, die man als eine lächerliche Parodie zu betrachten sich gewöhnt hatte, eine ganz befriedigende Lösung findet, wir meinen l. 2 de Feudis, tit. 1 de feudi cog: „Legum Romanarum non est

---

[97]) So bei Cicero: „Epicuri ratio" die Lehre Epikurs, — „ratio civilis et disciplina populorum" Staatswissenschaft.

[97a]) Aehnlich faßt Busch „ratio", s. o. S. 9.

[98]) So z. B. persuasum est, nihil hominem, nisi quod honestum sit, aut admirari aut optare aut expetere oportere (Cicero de Officiis I. 20) — Ante id tempus nemo aut miles aut eques a Caesare ad Pompejum transirat (Caesar commentarii de bello civili III. 61) — Consciorum nemo, ... aut latuit aut fugit. (Livii historiarum liber XIV. c. 5).

[99]) Victa est sine dubio lex (Papia Poppea) sed neque statim et paucis suffragiis; quo modo etiam cum valerent leges vincebantur (Taciti Annalium lib. II. c. 51.)

vilis auctoritas, sed non adeo „vim suam“ extendunt, ut usum vincant aut mores“.

Auch unsere Interpretation führt also zur Bejahung der derogatorischen Kraft.

Diese wird im corpus juris auch in einer ganzen Reihe anderer Stellen von Juristen der verschiedensten Zeiten anerkannt.

So heißt es in den Institutionen der Justinianischen Sammlung[100]), daß im Gegensatze zu dem Naturrecht, das bei allen Völkern fest und unveränderlich gelte, dasjenige Recht, das ein jeder Staat sich selbst geschaffen, oft „vel tacito consensu populi vel alia postea lege data“ geändert werde. Ein konkretes Beispiel findet sich an anderer Stelle[101]) desselben Lehr- und Gesetzbuches in der Aenderung der im Zwölf-Tafelgesetze enthaltenen Strafbestimmungen durch „desuetudo“, wie ja ebenfalls der von demselben Gesetze anerkannten, usu erfolgenden „in manum conventio“ der Frau derogirt wurde, da „hoc totum jus partim legibus sublatum est, partim ipsa desuetudine oblitteratum est[102]).“

Auch berichtet Callistratus[103]), daß zu seiner Zeit die actiones interrogatoriae beim Erbschaftsstreit nicht mehr angewendet wurden, da sie „in desuetudinem abierunt“.

Selbst die klassischen Juristen bezeugen die derogatorische Macht des Gewohnheitsrechts; so bekennt Ulpian[104]), daß es einem Theile der lex Aquilia derogirte.

Sogar der Kaiser Justinian[105]) sagt bei Gelegenheit der

---

[100]) § 11 Inst. de jure nat. 1. 2.

[101]) § 7 Inst. de inj. 4. 4.

[102]) Gajus I. 111. pag. 32.

[103]) l. 1 § 1 Dig. de int. in jure XI. 1.

[104]) l. 27 § 4 Dig. ad l. Aqu. IX. 2. (§ 12 Inst. de l. Aqu. 4. 3).

[105]) l. un. pr. Cod. de cad. toll. VI. 51.

Aufhebung der durch die lex Julia et Papia Poppaea eingeführten[106]) Kaduzität, die lex Papia sei „per desuetudinem abolita“, und die von Constantin gegebene constitutio de naturalibus liberis (V. 27) nennt er[107]) „non utendo perempta“.

Auch das öffentliche Recht der legis actio ist nach Justinians eigenem Ausspruche einzelnen Munizipalmagistraten, die es in der Regel nicht hatten, „longa consuetudine permissum[107a])“.

II. Kapitel.

Die derogatorische Kraft des Gewohnheitsrechts im kanonischen Recht.

§ 8.

Das cap. ult. X de cons. I. 4.

Da das kanonische Recht als das jüngere dem Justinianischen vorgeht[108]), dasselbe also für die Rezeption der im römischen Recht anerkannten derogatorischen Kraft des Gewohnheitsrechts entscheidend ist, so haben wir nunmehr dessen diesbezügliche Bestimmungen zu erörtern.

Zwar entwickelt das corpus juris canonici nirgendwo eine eigenthümliche Ansicht über das Gewohnheitsrecht[109]), stützt sich aber desto fester auf das römische Recht und deutet in vielen Quellenzeugnissen auf diese Grundlage hin.

---

[106]) Gajus l. II. 206—208 pag. 123.

[107]) Nov. 89 c. 15.

[107a]) l. 4. Dig. de adopt. I. 7.
l. 6. Cod. de emanc. VIII. 49.

[108]) Entscheidungen des Reichsgerichts, V. S. 134.

[109]) Eichhorn, Grundsätze des Kirchenrechts, II. S. 39.

Vorzüglich ist es eine Stelle der Dekretalen Gregors IX[110]), aus welcher hervorgeht, daß dem Gewohnheitsrecht zwar die Kraft versagt ist, natürliches und göttliches Recht umzustoßen, ihm andererseits aber die derogatorische Macht über positive Gesetze zusteht. Dem Standpunkte des kanonischen Rechts entspricht es, wenn er befiehlt, daß das Naturrecht und Gottes Gebot, cujus transgressio periculum salutis inducit, niemals durch irgend eine Gewohnheit, quae dicenda est verius in hac parte corruptela, irgendwie verändert werden könne.

Nach diesem allgemeinen Satze bemüht sich der Papst im zweiten Theile des caput offenbar, den Sinn des vielbestrittenen römischen Quellenzeugnisses festzustellen, indem er fortfährt: Licet etiam longaevae consuetudinis non sit vilis auctoritas, non tamen est usque adeo valitura, ut vel juri positivo debeat praejudicium generare, nisi fuerit rationabilis, et legitime sit praescripta.

Offenbar ist dies eine Wiedergabe der besprochenen Konstitution Constantins in einer allerdings eigenthümlichen Auffassung.

Naturgemäß haben die Gelehrten auch über diese Quellenstelle ganz verschiedene Ansichten geäußert, je nach der Stellung, die sie überhaupt zu der derogatorischen Kraft des Gewohnheitsrechts nehmen.

Es würde zu weit führen, hier die große Menge der verschiedensten Ansichten auch nur anzudeuten. Außerdem decken

---

110) Cap. ult. X de Cons. I. 4.

Consuetudo non derogat juri naturali, seu divino cujus transgressio peccatum inducit: nec positivo nisi sit rationabilis et praescripta.

Cum tanto sint graviora peccata, quanto diutius infelicem animam detinent alligatam, nemo sanae mentis intelligit naturali juri (cujus transgressio periculum salutis inducit) quacunque consuetudine (quae dicenda est verius in hac parte corruptela) posse aliquatenus derogari.

sie sich fast vollständig mit den oben[111]) angeführten Entwickelungen. Es möge genügen, einige wenige Meinungen anzuführen!

Klötzer, der für das römische Recht die Gesetzesänderung durch Gewohnheitsrecht bestreitet, findet diese seine Ansicht auch im kanonischen Recht nur bestätigt[112]). Er versucht die Interpretation der Dekretale Gregors IX folgendermaßen: In der ersten Hälfte verwirft das Gesetz die Zeitlänge als Rechtsgrund (quanto diutius), unmöglich kann es der Zeitlänge im zweiten Satze das eben genommene Gewicht wiedergeben; consuetudo praescripta ist nicht die „verjährte" Gewohnheit, sondern die „vorgeschriebene, bezeichnete" Gewohnheit.

„Es giebt überhaupt kein Gesetz, das unbestritten von verjährter Gewohnheit spräche. Die „zur Befolgung vorgeschriebenen" Gewohnheiten allein können derogiren.

In solcher Weise nimmt man allerdings der Gewohnheit als solcher die ganze Kraft, indem man aus ihr ein Gesetz macht. Aber diese Art der Interpretation dürfte doch etwas gewagt sein, da, wie aus dem folgenden Paragraphen erhellen wird, die kanonische Präskription vielfach gefordert wird.

Auch Phillips[113]) findet in der Dekretale die Bestimmung Constantins wieder, die Gewohnheit vermöge **nicht** das Gesetz zu überwinden. Er findet weitere Bestätigung in dem Ausspruche Lucius III[114]) „non debet in hac parte (daß sie nämlich vor ein weltliches Gericht gestellt werden) canonibus ex aliqua consuetudine praejudicium generare."

Wir glauben dagegen, daß bei wörtlicher Uebersetzung der Worte „in hac parte" (die sich in der oben angezogenen De-

---

[111]) §§ 2. 3. 4. 5. 6. S. 4—26.

[112]) Klötzer, S. 115—120.

[113]) Phillips, III. S. 728 ff.

[114]) Cap. 8, X de jud. II. 1.

kretale Gregors IX in demselben Sinne finden!) gerade das Gegentheil bewiesen wird. Denn wenn man sagt „in diesem Theile, in diesem Falle“ soll das Gewohnheitsrecht nicht derogiren, so räumt man damit doch wohl ein, daß der Regel nach das Gegentheil gilt und daß in diesem speziellen Falle eine besondere Begünstigung (des Klerus) stattfindet. — Diesen Schluß hätte Phillips ziehen müssen; inkonsequenter Weise unterläßt er es und kommt dann zu dem Resultate: nur gegen ein Gesetz, „das durch Aufstellung von Präsumtionen zur Ergänzung mangelhafter Willensbestimmungen dienen soll“, kann, wie der Einzelne in seinen Handlungen davon abweichen darf, eine entgegenstehende Gewohnheit derogatorische Macht erlangen.

Die eigentliche Begründung für diesen Satz vermißten wir.

Eine nur untergeordnete Stellung schreibt Hergenröter dem Gewohnheitsrecht im kanonischen Recht zu[115]), da nicht das Volk die gesetzgebende Gewalt bilde und stets die Zustimmung des Gesetzgebers zur Derogation erforderlich sei. Ein besonderes Gewohnheitsrecht der Kirche ist ferner die sogenannte vigens ecclesiae disciplina[116]), welche das strenge Recht mildert und ihm derogirt, und daher bei Anwendung der Rechtsquellen stets wohl zu beachten ist.

Nun findet sich allerdings eine von Gratian aufgestellte Theorie, die der seit Gregor VII herrschenden Tendenz entsprechend, im Widerspruch mit der bisherigen Ansicht sagt: die Gewohnheiten seien zwar beachtenswerth, wenn sie universales oder temporis prolixitate geschützt werden, aber sie seien „inventa opportunitate“ eher abzuschneiden als zu beachten[117]),

[115]) Hergenröter, S. 116.

[116]) Hergenröter, S. 159.

[117]) Dictum nach c. 12. Dist. XII.

indem die Bischöfe und die concilia episcoporum, von denen die partikulären Gewohnheiten ausgingen, kein Recht zu definiren oder Gesetze zu geben, sondern nur zu korrigiren haben[118]).

Mit Recht erklärt Schulte diese Theorie, deren Logik er haarsträubend nennt, als der ganzen kirchlichen Verfassung widersprechend[119]). Nach kanonischer Anschauung kann vielmehr das Gewohnheitsrecht dem jus scriptum überhaupt derogiren und contra jus commune gehen[120]).

„Es folgt dies einerseits aus der inneren Nothwendigkeit von der wiederholt hervorgehobenen Veränderlichkeit des bloßen sogenannten jus positivum im Gegensatz zum jus divinum und naturale", andererseits aus dem Geiste und Organismus der Kirche, dem die Anerkennung des Gewohnheitsrechts stets innegewohnt hat.

Schulte entwickelt das System der derogirenden Gewohnheitsrechte in sehr klarer Weise und einfacher und treffender Eintheilung nach dem Umfange ihrer Geltung. Leider kann hier nur sein Resultat wiedergegeben werden, das dahin lautet: Eine consuetudo ecclesiae generalis kann sowohl neues Recht bilden, als das bisherige abschaffen; die consuetudines generales im Sinne des kanonischen Rechts haben prinzipiell auch contra legem Kraft, sogar rücksichtlich des jus commune steht diesen partikulären Gewohnheiten die Derogation innerhalb der ihnen überhaupt gesetzten Schranken zu, wofür die Quellen Zeugniß ablegen.

So wird z. B. die in Schottland und Wallis der allgemeinen Vorschrift entgegengesetzte Sitte, außer an den Quatembertagen

---

[118]) Dictum in pr. Dist. XVIII.

[119]) v. Schulte, Geschichte der Quellen und Litteratur des kanonischen Rechts, I. S. 95 ff.

[120]) v. Schulte, das katholische Kirchenrecht, I. S. 244 ff.

zu ordiniren, zwar nicht gebilligt[121]), trotzdem soll sie aber wegen der multitudo et antiqua consuetudo terrae bestehen bleiben. Aehnliche Beispiele bieten die Dekretalen Gregors IX[122]).

Die consuetudines speciales endlich, Uebungen einzelner Kirchen oder Korporationen sind als Ausfluß der Autonomie zu betrachten und nicht so sehr Quelle des Rechts.

Hiermit stimmt die heutige Meinung überein, wonach diejenigen Bestimmungen, welche die Kirche für geheiligte Grundregeln ansieht, und diejenigen Disziplinen, welche sich durch „unbedingt gebietende oder verbietende Ausdrücke gegen Gewohnheitsrecht schützen", nicht durch Gewohnheit geändert werden können[123]). Jeder Bestimmung aber, welche nur die Bedeutung des gemeinen Rechts hat, derogirt die Gewohnheit, sofern sie „rationabilis" ist.

§ 9.
Die Erfordernisse der rationabilitas und praescriptio insbesondere.

Es werden in den meisten Quellenzeugnissen des kanonischen Rechts ebenso wie in c. ult. X. de cons. die beiden Bedingungen an die consuetudo abrogativa gestellt, daß sie rationabilis und praescripta sei. Es werden also hier besondere Erfordernisse vorausgesetzt und die Frage, ob vielleicht gerade dadurch das kanonische Recht sich von dem römischen entferne, läßt ein genaueres Eingehen auf diese Bedingungen geboten erscheinen.

Diese beiden Begriffe sind so wichtig für das ganze Be-

[121]) c. 2 X de temp. ord. I. 11.

[122]) So in c. 2. III. 46.
c. 1. 3. IV. 11.
c. 3. IV. 14.

[123]) Eichhorn, Grundsätze des Kirchenrechts, II. S. 37 ff.

stehen des Gewohnheitsrechts, daß z. B. Klötzer, wie wir oben[124]) zeigten, durch seine Art den Ausdruck „praescribere“ zu übersetzen, die derogatorische Kraft des Gewohnheitsrechts verneinte.

Wir müssen daher nothwendig diese Ausdrücke besprechen.

Was die Rationabilität betrifft, über deren Erfordernisse die Römer sich so „unpräzise und unklar“ ausdrücken[125]), so werden in den kanonischen Quellen gewisse bestimmte Fälle der consuetudines irrationabiles aufgeführt, die nie zu Recht bestehen können und selbstredend keine derogatorische Kraft haben. Die Prüfung steht im einzelnen Falle dem Richter zu; als allgemeine Regel kann man jedoch sagen[126]): eine Gewohnheit ist rationabilis, wenn sie weder den Grundprinzipien des kirchlichen Rechts widerstreitet, noch im Hinblick auf die Aufgabe der Kirche nach ihrer religiös-sittlichen Seite die hierfür nöthige Rechtsordnung verletzt. Es ist dies wohl die beste Definition, die auch mit den Zeugnissen der Quellen sehr wohl vereinbar ist.

Viel bestrittener ist das Erforderniß der Präskription. Daß die Präskription erfordert werde, kann angesichts der Quellen nicht geleugnet werden, da eine große Anzahl Stellen von derselben redet[127]); was aber darunter zu verstehen sei, erscheint den Gelehrten zweifelhaft.

Phillips führt aus[128]), die consuetudo habe im kanonischen Recht überall die Bedeutung einer Uebung; die entscheidende

---

[124]) s. o. § 8 S. 34.

[125]) Schmidt, Gewohnheitsrecht, S. 15.

[126]) v. Schulte, Kirchenrecht I. S. 243.

[127]) Außer cap. ult. X I. 4. z. B.
cap. 50 X de elect. I. 6.
cap. 9 de offic. ordinar. in VI to I. 15.
cap. 3 de cons. in VI to I. 4.

[128]) Phillips, S. 741.

Rücksicht sei deshalb auf den Zeitpunkt zu nehmen, seit welchem dieselbe ohne Widerspruch stattgefunden habe. Dies sei der Sinn der kanonischrechtlichen Präskription. Die Kirche habe nämlich das Prinzip befolgt, alle Uebungen zu schützen, denen das Alter ein gewisses Ansehen verlieh. Daher habe man nach Analogie der Klagverjährung für die Gewohnheiten, die zunächst nur als Thatsachen erschienen, einen solchen Zeitablauf gefordert. Daß die Präskription in diesem Sinne auch von den älteren evangelischen Rechtslehrern gefordert worden, bezeugt Richter[129]), und wenn auch dem Wesen der evangelischen Kirche eine geringere Aengstlichkeit wegen der Aenderung kirchlicher Einrichtungen entsprach, so wurde doch die Verjährung von 40 oder annähernd 40 Jahren verlangt.

Als Objekt der Präskription faßt Schulte die Gewohnheit auf, wenn er sagt[130]), „der Quasi-Besitz von Rechten, welche das jus commune gegen sich haben, führt, auch wenn er consuetudo longaeva ist, nur dann zum Erwerbe des Rechts, wenn er außer der bona fides als Grundlage der Rationabilität die in den Gesetzen für die Präskription statuirte Zeit hindurch gedauert hat, also zur Präskription geworden ist“. Als „Verjährungsfrist“ fordert er die 40jährige. Diese Ansicht wird auch von Puchta im Allgemeinen getheilt und nur dahin modifizirt[131]), daß einer Gewohnheit, wenn sie gegen das gemeine Recht wirken soll, eine längere Dauer zur Seite stehen müsse, also mit anderen Worten: daß ein solcher Rechtssatz, wenn er aus der Uebung erkannt werden soll, den Vorzug des Alters nicht gänzlich entbehren dürfe. Die Länge der erforderten Zeit ist sehr bestritten, indem Einige 100 Jahre, Andere 40, 20 oder 10 Jahre fordern.

---

[129]) Richter, S. 284.

[130]) v. Schulte, Kirchenrecht, I. S. 240.

[131]) Puchta, Gewohnheitsrecht, II. S. 285—289

Theorie und Praxis haben sich dahin entschieden, daß sie es der richterlichen Prüfung überlassen, zu untersuchen, ob der Rechtssatz in Handlungen so lange geübt sei, daß er sich als Gewohnheitsrecht darstellt, wobei man sich dann beruhigen kann[132]).

Andere treten dieser Auffassung scharf entgegen und halten die Analogie der Verjährung für ganz unanwendbar[133]). Sie sind überzeugt, daß im kanonischen Recht keine bestimmte Zeit verlangt wird zur Einführung einer gesetzlichen Gewohnheit. Die „Fabel von der Präskription" sei zu verwerfen und werde kaum einen Vertheidiger finden! In deu betreffenden Stellen sei von der Ausübung und dem Gebrauche eines Rechts oder einer Befugniß die Rede, die durch gesetzmäßige Verjährung erworben werden kann, nicht aber von „Gewohnheitsrecht". Auch sie überlassen dem Richter die Bestimmung der Länge der Zeit.

Die Zweifel, welche Klötzer[134]) u. A. gegen diese Ansicht hegen, dürften wohl begründet sein.

Aehnliche Bedenken erregt Eichhorns[135]) Ausführung, jene Stellen gedächten eines „faktischen Verhältnisses, das gegen die Regel des Rechts besteht, bei welchem aber durch Verjährung Gerechtsame erworben werden können"; die kirchliche Gewohnheit aber erfordere keine Verjährung[136]). Das Gegentheil lehrt wiederum Friedberg[137]), der das Erforderniß der praescriptio in geistvoller Weise dadurch erklärt, daß die Gewohnheit als eine immunitas gegenüber der lex angesehen wurde, also als

---

132) Savigny, I. S. 172.

133) Glück, S. 464 ff.

134) Klötzer, S. 110.

135) Eichhorn, Grundſ. d. Kirchenrechts, II. S. 43.

136) Eichhorn, Kirchenrecht, S. 39.

137) Friedberg, S. 93 f.

eine dem Menschengeschlecht aufzuerlegende Servitut, die ersessen werden mußte, so zwar, daß der Besitz durch die Ausübung, die bona fides durch die opinio necessitatis und der justus titulus durch das longum tempus ersetzt wurde.

Wenn unter den neuesten Schriftstellern über diese Materie Hergenröter[138]) die legitima praescriptio nur als die vierzigjährige Verjährungsfrist verstehen zu müssen glaubt, so dürfte er wenige Anhänger seiner Ansicht mehr finden; die Meisten schließen sich der Savigny'schen Meinung[139]) an, wonach der Ausdruck legitime praescripta übereinstimmend mit dem römischen Recht nur überhaupt eine lange Dauer bezeichnet, und also soviel heißt, als „longa, diuturna".

Da es sich nun aber nicht leugnen läßt, daß im kanonischen Recht die Präskription als „Verjährungsfrist" gefordert wird, glauben wir der vermittelnden Ansicht beitreten zu sollen, welche unterscheidet. Für den Standpunkt des rein kanonischen Rechts und wenn es sich handelt um die Derogation einer kanonischen Vorschrift, muß man entschieden die praescriptio als Verjährung von 40 Jahren auffassen, während für alle anderen Verhältnisse diese Frist nicht rezipirt worden ist und hier die römische Vorschrift des longum tempus gilt[140]).

Den consensus legislatoris endlich, den Viele für eine derogirende Gewohnheit verlangten, halten wir auch im kanonischen Recht für nicht erforderlich[141]), wenigstens haben wir in den Quellen keine Spur davon gefunden. Liegt jedoch der consensus tacitus oder expressus legislatoris unbestritten

---

[138]) Hergenröter, S. 125 ff.

[139]) Savigny, I. S. 155.

[140]) Goldschmidt, I. S. 231.
v. Wächter, Pandekten, I. S. 106.

[141]) Hergenröter, S. 125 ff.
Richter, S. 277 ff.

vor, so möchten wir das Erforderniß der praescriptio jedenfalls für ganz fortgefallen erachten.

Das kanonische Recht weicht also von der Ansicht und den Vorschriften des römischen Rechts nicht ab, vielmehr bemüht es sich, dieselben auch zu den seinigen zu machen und bestätigt sie allenthalben.

---

§ 10.

III. Kapitel.

Die derogatorische Kraft des Gewohnheitsrechts im langobardischen Lehnrecht.

Das den Novellen des corpus juris civilis als decima collatio hinzugefügte langobardische Lehnrecht ist gleichzeitig mit jenen als gemeines Recht rezipirt worden und gilt noch als solches in Deutschland[142]).

Wir werden dasselbe daher hier in Kürze behandeln müssen, obgleich es von Vielen zum deutschen Privatrecht gezogen wird, weil es deutschen Ursprungs ist[142a]) und den zur Zeit der Rezeption in Deutschland geltenden Sätzen viel homogener war, als das römische Recht[143]).

Zwar sehen wir in ihm die Frage, ob das Gewohnheitsrecht dem Gesetze derogiren könne, nirgendwo ex professo behandelt, aber anderweitig wird dies entschieden bestätigt.

Die sichersten Belege finden wir in den Quellen selbst oder in solchen Werken, die direkt aus den Quellen schöpfen.

---

[142]) Entscheid. d. Reichsgerichts XII. S. 239, sowie XIV. S. 228, XIX. S. 235 u. A.

[142a]) Voet, tom. II. pag. 502.

[143]) Stobbe, I. S. 58. 59.

Wenn nun auch vielfach bestritten wurde[144]), daß es allgemeine Lehensgewohnheiten gegeben habe, so machten sich hiergegen doch gewichtige Stimmen geltend[145]).

Jedenfalls erscheint es unzweifelhaft, daß die Feudorum consuetudines legis auctoritatem ac vim haben[146]), weshalb consuetudines vel statuta locorum specialia juri communi feudorum derogant[147]), wie z. B. gegen das regelmäßige Recht zufolge einer Ortsgewohnheit eine Frau Lehnsnachfolgerin werden kann[148]).

Ueberhaupt soll das geschriebene Recht erst angewendet werden, wenn die Gewohnheit schweigt[149]), allerdings sollen die Gewohnheitsrechte stets so ausgelegt werden, daß sie dem allgemeinen Lehnrecht quam minimum derogent[150]). Andererseits ist seine Kraft so groß, daß consuetudo a lege damnata ex causa nova a legislatore in abrogatione non cognita, reduci potest[151]). Die meisten Fälle der consuetudo abrogativa sind jedoch theils recordationis causa in scriptis niedergelegt[152]), theils als responsa den libris Feudorum eingereiht[153]), so daß man hier — obgleich es auch geschriebene Gewohnheitsrechtssätze gibt — kaum mehr von Gewohnheitsrecht sprechen dürfte.

Aus dem vorliegenden Material aber glauben wir bestimmt

---

[144]) Schnaubert, S. 16.

[145]) Weber, I. S. 42.

[146]) Henrici de Rosenthal, J. C. tractatus et synopsis totius juris feudalis (Francofurti ad Moenum a. 1662) pag. 9.

[147]) Rosenthal, pag. 14.

[148]) Rosenthal, pag. 527.

[149]) lib. II. Feud. tit. I.

[150]) Rosenthal, pag. 20.

[151]) Rosenthal, pag. 149.

[152]) lib. IV. Feud. tit. 84 patrem in feudo.

[153]) lib. IV. Feud. tit. 101 eccl. fidelitatem.

schließen zu dürfen, daß die consuetudines feudales leges et jam directo ändern[154]), wobei nicht einmal allzustreng die Erfordernisse der Vernunftmäßigkeit und des Alters erheischt werden.

---

§ 11.

IV. Kapitel.

Die gewohnheitsrechtliche Gesetzesderogation in den deutschen Rechtsquellen des gemeinen Rechts.

In den deutschen gemeinrechtlichen Rechtsquellen[155]), welche für die Weiterentwickelung und Modifikation des römisch-kanonischen Rechts in Betracht kommen, ist das Prinzip der l. 2 in der von uns vertretenen Auffassung wiederzufinden[156]). Fast wörtlich gibt sie eine allerdings partikuläre, aber dennoch hier zu erwähnende Rechtsquelle wieder. In dem Brünner Schöffenbuche nämlich heißt es: quamvis usus et consuetudinis non minima sit auctoritas, nunquam tamen veritati aut legi praejudicat, nisi sit consuetudo rationabilis et legitime praescripta; talis enim praejudicat legi.

Schon früh gelangte den Romanisten der Rezeptionszeit entgegen, in der Praxis und Theorie[157]) die Subsidiarität des gemeinen Rechts gegenüber partikulären Gewohnheiten, in denen

---

[154]) Rosenthal, pag. 21.

[155]) Auf den Streit, ob das deutsche Privatrecht gemeines Recht sei, können wir uns hier nicht einlassen!

Die beste Lösung bei Stobbe I. S. 51—54.

[156]) Beseler, I. S. 934 ff.

Danz, I. S. 187.

Stobbe, I. S. 154.

[157]) Dernburg, S. 8.

die deutsche Rechtsanschauung verkörpert war, zur Anerkennung, so daß 1654 die Reichshofrathsordnung befahl, in Acht zu nehmen, „privilegia, gute Ordnungen und Gewohnheiten, und in Mangel derselben die Kayserliche Rechten.“

Auf dem Gebiete des Strafrechts hat die Peinliche-Gerichts-Ordnung Karl V. dem Gewohnheitsrechte ziemlich große Kraft gelassen, indem sie durch die sogenannte salvatorische Klausel zu Gunsten „von rechtsmäßigen und billigen Gebräuchen“ sich selbst nur eine subsidiäre Geltung zuschreibt. Aber in manchen Beziehungen nimmt sie doch absolute Geltung in Anspruch und zieht der Entwickelung des Partikularrechts feste Grenzen[158]). Daher gelten doch viele Gewohnheiten nur praeter legem und ordnen minder wichtige Fragen, z. B.: „so jemandt unsern gemeynen geschriebenen Rechten nach durch eine verhandlung das leben verwirkt hat, soll man nach guter gewohnheyt die form und weis derselben tödtung halten und urtheilen.“

Die späteren Strafgesetzgebungen sind ausnahmslos landesrechtliche Kodifikationen des gemeinen Rechts der Carolina, welche für unsere Frage keine Bedeutung haben.

Angenehm wird der Vertheidiger des Gewohnheitsrechts berührt, wenn er im Codex Maximilianeus Bavaricus civilis den Satz findet[159]), daß die Gewohnheit, wie sie vim legis habe, „das ältere geschriebene und ungeschriebene Recht aufhebt.“

Ist dies auch nur ein Partikulargesetz, so drückt es doch das Prinzip des gemeinen Rechts wahr und unverfälscht aus.

Denn ohne Zweifel stellt das gemeine Recht in seinen einzelnen Quellen sowohl, als auch in seiner Gesammt-Ent-

---

[158]) C. C. C. art. 104, 131, 140 cet.

[159]) I. Theil, cap. 2 § 15.

wickelung Gewohnheit und Gesetz als gleichberechtigt nebeneinander, so daß jedes von beiden dem anderen derogiren kann, so zwar, daß stets das jüngere und das spezielle Recht dem älteren und dem generellen Recht vorgeht, gleichviel, ob das Eine oder das Andere geschriebenes oder ungeschriebenes Recht ist. Außerdem gilt überall der in einem Partikularrechte[160]) ausgedrückte Satz: Ist die gewohnheyt gemeyne obir alle werlt, so bricht sie alle recht. Ist sie abir yn besunderheit, so bricht sie alleyne in der stat, do sich die gewohnheit erhabin hat weddir deme beschrebenem rechte.

Welche bedeutende Macht der Gewohnheit, deren Anwendung vor dem Gesetze sogar begünstigt wurde[161]), im deutschen Volke zustand, beweist nichts besser, als die großartigste Derogation durch Gewohnheitsrecht, welche die Geschichte kennt: die Rezeption des römischen Rechts[162]). Denn alle Ueberlieferungen von Reichsgesetzen[163]), denen Manche diese gewaltige Umbildung zuschreiben, sind nicht mehr als eine Fabel. Durch Gewohnheit war das Ansehen des römischen Rechts längst begründet[164]), ehe man an eine förmliche Bestätigung desselben dachte, die erst 1495 erfolgte, als den Richtern des Reichs-Kammergerichts befohlen ward, „nach des Reichs und gemeinen Rechten, auch

---

[160]) Erlanger Promptuarium juris.

[161]) Stintzing, I. S. 501.

[162]) Runde, S. 19.
Schmidt, Pandekten-Vorlesungen § 3.
Weber, I. S. 42.
Dahn, deutsches Rechtsbuch, S. 31.
Schwartz, S. 4. u. A.
Dagegen sind: Ofner, S. 10.
Siegel, S. 86 ff. u. A.

[163]) Danz, I. S. 341.

[164]) Mittermaier, I. S. 111.
Mackeldey, S. 112 ff.

nach redlichen, erbaren und leidlichen Ordnungen, Statuten und Gewohnheiten der Fürstentum, Herrschaften und Gerichte, die für sie gebracht werden, dem Hohen und dem Niederen nach ihrem besten Verständniß gleich zu richten." — Und weil diese Umwälzung durch Gewohnheitsrecht geschah, sind nur diejenigen Rechtssätze rezipirt worden, welche Anknüpfungspunkte an das deutsche Rechtsleben fanden. Der Umfang der Rezeption ergibt sich mithin aus der Gewohnheit; die unglossirten Stellen sind nicht etwa deshalb nicht rezipirt, weil sie nicht glossirt waren, sondern weil sie der deutschen Gewohnheit widersprechen[165]). In der Rezeptionszeit war es allein der berühmte Ulrich Zasius, der dies einsah und es als selbstverständlich behandelte, daß es notorisch in Deutschland Sitten und Zustände gäbe, welche mit denen des römischen Rechts incommensurabel seien und ihnen geradezu widersprächen[166]).

Allerdings wurde durch die italienische Doktrin jener Zeit dem Gewohnheitsrecht eine engere Grenze gesteckt.

Diese dogmatische Auffassung übte dann auch in der späteren Zeit ihren Einfluß auf die deutsche Gesetzgebung aus[167]). Denn nur so läßt es sich erklären, daß in vielen Land- und Stadtrechten vom 16. Jahrhundert an, sich die Bestimmung findet, daß nur die in das Gesetzbuch aufgenommenen Gewohnheiten beachtet werden sollen — wodurch der Charakter des Gewohnheitsrechts natürlich verloren geht.

---

165) Landsberg, pag. 12—71.

166) Stintzing, I. S. 186.

167) Stobbe, I. S. 145.

Zweiter Abschnitt.

Die derogatorische Kraft des Gewohnheitsrechts in den modernen Gesetzgebungen.

§ 12.

1. Die kodifizirten Landesgesetzgebungen.

Mit der Erstarkung des Staates selbst und der wachsenden Verwickelung der Lebensverhältnisse erleidet das Gewohnheitsrecht durch die Gesetzgebung eine Zurücksetzung und tritt mehr und mehr in den Hintergrund. Es sprechen sich daher — wie oben gezeigt[168]) — seit dem 16. Jahrhundert die meisten Gesetze gegen die Kraft des Gewohnheitsrechts aus.

Noch weiter als alle vorhergehenden Gesetzgebungen, welche regelmäßig nur „non obstante consuetudine contraria" gelten wollten, geht das allgemeine Landrecht von Preußen in der Verwerfung derselben, indem es nulla in contrarium valitura consuetudine posteriore Kraft haben will. Es ist dies sehr leicht erklärlich[169]), da wir ja die Entstehung des allgemeinen Landrechts dem drückenden Gefühle der Rechtsunsicherheit verdanken, aus der man sich zu retten glaubte, wenn man alles Recht als geschriebenes fixirte und neue Bildungen des ungeschriebenen Rechts abschnitt. Außerdem gestattete die damals noch wenig entwickelte Theorie des Gewohnheitsrechts

[168]) s. § 11 am Ende S. 47.

[169]) Förster, I. S. 81.

nicht die Erkenntniß seiner Kraft und keinen tieferen Einblick in das Wesen der Rechtsentstehung. Man hielt das Gesetz für die einzige Rechtsquelle, und nur die Organe des Staates waren fähig, Recht zu „machen"[170]). Daher wird Gesetzesänderung durch Gewohnheit durchaus nicht zugelassen und dem Gewohnheitsrecht die ihm gebührende Anerkennung gänzlich versagt; denn[171]) „Gewohnheitsrecht und Observanzen, welche in den Provinzen und einzelnen Gemeinheiten gesetzliche Kraft haben sollen, müssen den Provinzial-Landrechten einverleibt sein." — Dieser Satz ist natürlich für die Theorie vollständig inhaltslos[172]), da die Gewohnheiten durch diese Bestimmung eben aufhören, Gewohnheiten zu sein: sie werden Gesetz. Praktisch hat er, da nur in den beiden Provinzen Preußen die Provinzialrechte kodifizirt wurden[173]), sonst überall auf die Geltung der vor ihm entstandenen Gewohnheiten keinen Einfluß.

Ausdrücklich wird den Gewohnheiten die derogatorische Kraft abgesprochen[174]), sogar desuetudo, auch wenn sie noch so alt ist, gilt nicht als Aufhebungsgrund, da nur der Gesetzgeber durch ausdrückliche Aufhebung das Gesetz außer Gebrauch setzen darf[175]).

Auch sind unter denjenigen Observanzen, die praeter legem bis zum Erfolge einer gesetzlichen Bestimmung gelten sollen[176]), offenbar nur solche zu verstehen, die vor dem Gesetze entstanden sind.

---

170) Wächter, C. G., Gesetzgebung, S. 498.

171) § 3 der Einleitung zum A. L. R.

172) Koch, I. S. 21.

173) s. das Patent wegen Publikation des Provinzialrechts für Westpreußen v. 19. April 1844. (Ges. Samml. für d. Kgl. Preuß. Staaten 1844. No. 11 S. 103—110).

174) A. L. R. § 60.

175) A. L. R. § 59.

176) A. L. R. § 4.

Es beruht daher die gesuchte Unterscheidung Schömanns[177]) auf einer falschen Voraussetzung.

Das Allgemeine Landrecht für die Preußischen Staaten hebt also die bestehenden Gewohnheiten als solche auf und giebt den entstehenden ein sehr beschränktes Ansehen, das nie contra legem gehen darf.

Eine ganz ähnliche Stellung hat das Gewohnheitsrecht im Code Napoléon, obgleich er keine allgemeine Bestimmung über die Möglichkeit oder Unmöglichkeit künftiger gewohnheitsrechtlicher Bildung enthält. Dennoch besteht in der französischen Jurisprudenz[178]) kein Zweifel, daß, abgesehen von den wenigen Fällen, in denen das Gesetz Gewohnheiten als gesetzliche Normen anerkennt, das Gewohnheitsrecht durchaus keine Kraft haben soll; geschweige denn dem Gesetze derogiren könne — denn à compter du jour où ces lois sont éxecutoires, les lois romaines, les ordonnances, les coutumes génerales ou locales, les statuts, les réglemens, cessent d'avoir force de loi génerale ou particulière dans les matières qui sont l'objet desdites lois composant le présent Code[179]).

Das Badische Landrecht hat dieselben Grundsätze wie der Code Napoléon, giebt aber außerdem noch eine Bestimmung[180]), wonach das Herkommen zwar „weder Recht schaffen noch abschaffen" könne, wohl aber in vielen näher bezeichneten Fällen den muthmaßlichen Willen des Gesetzgebers oder der Vertragspersonen ausdrückt. Hierdurch wird dem partikulären Gewohnheitsrecht zwar ein etwas weiterer Spielraum gegeben, — aber die derogatorische Kraft wird entschieden und ausdrücklich verneint.

---

177) Schömann, Erläuter. d. Civilgesetzgeb. I. S. 31 f.

178) Zachariae, I. S. 42.

179) Einführungsgesetz für das linke Rheinufer Art. 7; ähnlich das Einführungsgesetz f. d. Großhzgth. Berg, Art. 3.

180) Bad. L. R., Einleitung, Satz 6 d.

Noch ungünstiger ist das Bürgerliche Gesetzbuch für das Königreich Sachsen[181]) dem Gewohnheitsrecht, das es contra und praeter legem verbietet, und ihm einzig und allein die untergeordnete Bedeutung eines Interpretationsmittels für den Willen der Parteien zuschreibt.

Durch den Satz „auf Gewohnheiten kann nur in den Fällen, in welchen sich ein Gesetz darauf beruft, Rücksicht genommen werden", untersagt das Allgemeine bürgerliche Gesetzbuch für die Deutschen Erbländer der Oesterreichischen Monarchie[182]) nicht nur die Bildung eines neuen Gewohnheitsrechts, contra oder praeter legem, sondern es schafft auch alle älteren Gewohnheiten ab, sofern nicht das Gesetz — was übrigens nur in zwei untergeordneten Fällen geschieht[183]) — sich auf dieselben beruft.

§ 13.

2. Die Stellung der neuen Reichsgesetze zur derogatorischen Kraft des Gewohnheitsrechts.

Eine Unterscheidung in Bezug auf diejenigen Gesetze, welchen durch Gewohnheitsrecht derogirt werden könne, macht das Braunschweigische Recht, wonach nur das nicht absolute Gesetzesrecht durch Gewohnheit abgeändert werden kann. Noch eigenthümlicher ist die Behandlung des Gewohnheitsrechts im Württembergischen Recht (1610), wonach Rechtsgewohnheiten zwar vor dem gemeinen Recht eintreten sollen, aber im Verhältniß zu den Landesgesetzen bloß subsidiäre Geltung haben[184]).

---

[181]) Bürgerl. Gesetzbuch f. d. Kgr. Sachsen, § 28.

[182]) Oesterr. Bürgerl. Gesetzbuch § 10.

[183]) Oesterr. Bürgerl. Gesetzbuch §§ 389 f. u. 501.

[184]) v. Wächter, Handbuch des im Königreich Württemberg geltenden Privatrechts, II. S. 161.

Eine ähnliche Theilung nimmt das Allgemeine Deutsche Handelsgesetzbuch vor, indem es bestimmt[185]), daß in Handelssachen, insoweit es selbst keine Bestimmung trifft, zunächst das Handelsgewohnheitsrecht und in dessen Ermangelung erst das „allgemeine bürgerliche Recht“ zur Anwendung kommen soll. Dies ist ohne Zweifel der wegen des oft gerügten unsicheren Sprachgebrauchs vielbestrittene Sinn[186]) des Art. 1, was ganz besonders auch aus der Entstehungsgeschichte desselben hervorgeht. Die meisten Handelsrechtslehrer der Gegenwart sind sich daher darüber einig, daß das Handelsgewohnheitsrecht keine derogatorische Kraft gegenüber dem Handelsgesetzbuch[186a]), wohl aber als ein das Handelsgesetzbuch ergänzendes allgemeines oder partikuläres Gewohnheitsrecht gegenüber dem sonstigen bürgerlichen Recht habe[187]). Sogar die partikuläre Handelsgewohnheit geht den absoluten und für den ganzen Staat erlassenen bürgerlichen Gesetzen vor[188]), vorausgesetzt, daß sie nicht gegen die Grundlage sittlicher und staatlicher Ordnung verstößt. Auch allen gemeinrechtlichen Gewohnheiten derogirt das Handelsgewohnheitsrecht[189]).

Nach der Ansicht von Thöl findet allerdings in dem Artikel 1 keine Beseitigung der früheren Theorie des Gewohnheitsrechts statt[190]); das Handelsgesetzbuch habe überhaupt gar

---

185) H. G. B. Art. 1.

186) Entscheidungen des Reichsoberhandelsgerichts, XII. (94) 287 u. XVI. (11) 37.

186a) Anderer Ansicht ist auffallenderweise die Entsch. des Reichsgerichts v. 26. Nov. 1886 (Bd. XVII. S. 15).

187) Endemann, S. 31. v. Hahn, S. 4. Keyßner, S. 9.

Motive zum Entwurf eines deutschen bürgerl. Gesetzb., I. S. 5.

188) Goldschmidt, I. S. 265 f.

189) Dr. O. Wächter, das Handelsrecht nach dem A. D. H. B. I. S. 9.

190) Thöl, I. S. 87.

nichts über das Gewohnheitsrecht bestimmt[191]), also auch nichts an den gemeinrechtlichen und partikularrechtlichen Erfordernissen geändert, so daß auch jetzt noch in den Ländern der kodifizirten Rechte Anerkennung der einzelnen Usance durch Gesetz nothwendig wäre!

Andererseits wurde geltend gemacht, es sei hier ein ganz neuer, weiterer Begriff von Handelsgebräuchen als Rechtsquelle aufgestellt worden. Goldschmidt beweist jedoch treffend aus den Protokollen, daß hier nicht etwa an thatsächliche Uebungen, sondern an Gewohnheitsrecht im Sinne des gemeinen Rechts zu denken sei[192]). Es finden daher in Betreff des Handelsgewohnheitsrechts in dem ganzen Gebiete des Handelsgesetzbuches die von der gemeinrechtlichen Doktrin entwickelten Grundsätze Anwendung[193]).

In diesem Sinne entschied auch häufig das Reichsoberhandelsgericht, das unter Handelsgebräuchen „nur das Handelsgewohnheitsrecht, nicht aber auch die nur thatsächlichen Handelsgebräuche" versteht[194]).

In anderem Sinne spricht von „Gewohnheiten und Gebräuchen" als Interpretationsmittel des Parteiwillens der Art. 279.

Im Allgemeinen hat man nun — wahrscheinlich im Hinblicke auf das strenge Vorgehen der kodifizirten Landrechte — immer zu sehr hervorgehoben, daß das Handelsgesetzbuch dem Gewohnheitsrecht eine größere Bedeutung verleihe, als dasselbe

[191]) Thöl, I. S. 47.

[192]) Goldschmidt, I. S. 254 f.

[193]) Endemann, S. 29.
Gareis, S. 32.
v. Hahn, S. 3.

[194]) Entscheidungen des Reichsoberhandelsgerichts, VIII. (65) 255, VI. (83) 368.

bis dahin hatte, weil sich jetzt auch in denjenigen Staaten, in denen sonst die derogatorische Kraft des Gewohnheitsrechts nicht anerkannt ist, dem Civilrecht gegenüber derogatorische Gewohnheiten von handelsrechtlichem Inhalte bilden können[195]). In Wirklichkeit dagegen wurde in den Ländern des gemeinen Rechts durch dieses Gesetz die Geltung des Gewohnheitsrechts stark eingeschränkt, indem ihm ja die derogatorische Kraft in all den Sachen, die das Handelsgesetzbuch regelt, versagt wurde.

Das Gewohnheitsrecht, das dem Gesetze im wahren Sinne des Wortes „ebenbürtig" ist, darf auf kein bestimmtes Gebiet des Rechtslebens beschränkt und von anderen ausgeschlossen werden[196]). Da jedoch auf dem Gebiete des Strafrechts der Natur der Sache gemäß eine Gesetzesänderung von noch bedenklicheren Folgen sein kann, als im bürgerlichen Recht, so hat man häufig, um der möglichen Gefahr eines zu umfangreichen und selbstständig sich entwickelnden Gewohnheitsrechts zu entgehen, versucht, dasselbe durch gesetzliche Bestimmungen zu beschränken. Wenn dementsprechend das Deutsche Strafgesetzbuch[197]) bestimmt, daß eine Handlung nur dann bestraft werden dürfe, wenn die Strafe vor Begehung der Handlung gesetzlich bestimmt war, so soll dadurch die gewohnheitsrechtliche Aufstellung einer Strafsatzung gegen das Gesetz oder neben demselben ausgeschlossen werden[198]).

Falsch wäre es, aus den Vorschriften der Civilprozeßordnung für das Deutsche Reich, die Gewohnheitsrecht und Gesetz auf dieselbe Stufe stellt[199]), Schlüsse für das materielle Recht zu ziehen!

---

[195]) Stobbe, I. S. 156.

[196]) Hälschner, System des Preuß. Strafrechts, Bd. II. S. 21. 22.

[197]) St. G. B. § 2.

[198]) Hälschner, Vorlesung über Strafrecht, § 21.

[199]) C. P. O. § 512 u. die Motive dazu; E. G. z. C. P. O. § 12.

Es haben sich also ohne Frage in den angeführten Bestimmungen fast alle die neuen Reichsgesetze[200]) über das Gewohnheitsrecht gestellt, dem sie von Natur gleichberechtigt sind.

§ 14.
3. Hat das gesetzliche Verbot des zukünftigen Gewohnheitsrechts wirklich Kraft?

Selbstredend hat dieses Vorgehen der modernen Gesetzgebung gegen die derogatorische Kraft des Gewohnheitsrechts den Theoretikern Anlaß gegeben zu der Untersuchung, ob und wieweit dem Gesetzgeber die Macht zukomme, das Gewohnheitsrecht zu unterdrücken.

Bei der großen Zahl der Juristen, die sich mit dieser Frage befaßten, ist hier nicht der Raum, alle die verschiedenen Ansichten vorzuführen; es wird genügen, einen kleinen Theil, und zwar vorzugsweise die neuesten Ausführungen zu erwähnen, da wir ja auch schon oben[201]) diese Frage berühren mußten.

Bemerkenswerth, wenn auch scharf und vielfach angegriffen, ist die Ansicht[202]), daß, obgleich der Gesetzgeber per legem antecedentem künftige entgegenstehende Gewohnheiten verbieten könne, nicht jedwede künftige Gewohnheit hierdurch gehindert werde; es sei vielmehr noch stets die Klausel zu denken: „Nisi mutetur ratio legis et mutentur circumstantiae“.

Nach entgegengesetzter Ansicht kann der Staat mit Erfolg

---

[200]) Auf die fremdländischen Gesetzgebungen, welche über die derogatorische Kraft die verschiedenartigsten Bestimmungen treffen, brauchen wir hier nicht einzugehen, da uns hinreichend Stoff in „unseren“ Gesetzen geboten wird.

[201]) s. o. § 3 S. 9—11.

[202]) Hergenröter, S. 125 ff.

die Rechtsanwendung zu Gunsten einer ausschließlichen Herrschaft des Gesetzes verbieten und daher dem Gesetze einen Vorrang vor dem Recht ertheilen, „wenn er dem Rechte die Derogation des Gesetzes verbietet". Je lebenskräftiger aber eine Nation ist, desto zweifelhafter wird der Erfolg dieses „sittlich nichtigen Versuches" des Staates. Es hat aber jedenfalls der Staat die Macht, diesen Versuch anzustellen[203])

Auch Sturm hält diese Versuche „nicht für widersinnig[204])", da ebenso wie das Gesetz auch die Gewohnheit, die zu ihrer Wirksamkeit nothwendige Zwangsgewalt nur vom Staate erhalte, dem man deswegen die Befugniß zuschreiben müsse, zu bestimmen, was Recht sein soll. Es könne aber das die Gewohnheit verbietende Gesetz nur solange gelten, als der Staat es erzwingen kann.

Andere beschränken sich auf die Behauptung, durch die clausula derogatoria könne der Gesetzgeber sich ebensowenig gegen Gewohnheit als gegen Gesetz schützen[205]). Und Endemann meint sogar „das Verbot einer Derogation hat noch niemals irgendwelchen Erfolg gehabt, so feierlich sich auch dagegen verwahrt wurde[206])".

Es ist jedoch wohl nicht zu leugnen, daß durch ein solches Verbot die Bildung ändernden Gewohnheitsrechts, wenn auch nicht abgeschnitten, so doch erschwert wird, wie Windscheid in der neuesten Auflage seines Lehrbuches bemerkt[207]). Denn „Ein Gesetz, welches die verbindliche Kraft der künftigen Gewohnheiten ausschließt, kann zwar, wie durch Gesetz, so auch durch Gewohnheit aufgehoben werden; aber so lange dies nicht

---

[203]) Böhlau, I. S. 373 ff.

[204]) Sturm, S. 40.

[205]) Danz, I. S. 187.

[206]) Endemann, S. 31 u. Einleitung.

[207]) Windscheid, I. S. 53.

geschehen ist, ist es Rechtens, daß die in der Gewohnheit hervorgetretene Rechtsüberzeugung nicht Recht sei. Einem solchen Gesetze gegenüber reicht also nicht hin, die Uebung einer Rechtsüberzeugung überhaupt, sondern es muß außerdem vorliegen die Uebung der Rechtsüberzeugung, daß das Gesetz nicht gelte."

Auch Dahn steht nicht an[208]), der clausula derogativa gegenüber die ändernde Kraft des Gewohnheitsrechts aufrecht zu erhalten. Er bezeichnet es allerdings als einen revolutionären Vorgang im weiteren Sinne, wenn der Staatswille, der im Gesetz ausgedrückt ist und fortgelten will, bis ihm durch ein Gesetz derogirt wird — nicht durch Gesetz, sondern durch Nichtbefolgen, durch Ausbildung entgegenstehender Rechtsüberzeugung aufgehoben wird. — Aber der Gesetzgeber weiß und soll wissen — und das muß auch als seine Absicht vermuthet werden — daß seine Produkte dem Wandel der menschlichen Dinge unterliegen, daß also desuetudo und contrarius consensus sie ebenso gut ändern können, wie ein neues Gesetz. Bei solcher Voraussetzung liegt nicht einmal formell etwas Illegales in der Aenderung der lex in perpetuum valitura.

Durch die Klausel würde die Rechtsvernunft zum Stillestehen verurtheilt und „in Nothstand versetzt", da in der Verwerfung der Gewohnheit etwas Unmögliches geboten, etwas Nothwendiges verboten werde[209]). Diese starke Auslassung mildert Dahn durch die folgende Ausführung, wonach durch das Eintreten einer opinio necessitatis, verbunden mit entsprechender Uebung die Rechtsänderung bereits vollzogen sei und „die verdunkelnde nivellirende, Recht und Unrecht verwebende Macht der Zeit" nicht mehr nothwendig sei, weil ja

[208]) Dahn, Gewohnheitsrecht, S. 553 ff.

[209]) Dahn, Gewohnheitsrecht, S. 583.

dann die Frage entstehe, wie groß dann die Spanne Zeit sein müsse, auf daß sie „heiligend" wirke. Er giebt hiermit also wohl zu, daß „der Nothstand" leicht zu heben ist.

Wir räumen Adickes völlig ein, daß dieser Weg kein „legaler" ist[210]), aber das Recht wird „nicht nur auf legalem, es wird nöthigenfalls auch auf illegalem Wege weitergebildet[211])".

Daß dieses thatsächlich nicht vorkomme, dafür zu sorgen ist die Aufgabe des Staates, dessen erste und vornehmste Bestimmung es ist, die Rechte seiner Bürger zu wahren und der gerade durch ein solches Verbot des Gewohnheitsrechts die Pflicht und das Recht übernimmt, die von ihm einmal erlassenen Normen mit den wechselnden Lebensverhältnissen in Einklang zu erhalten[212]).

§ 15.

4. Die Behandlung der abändernden Gewohnheit im Entwurf eines deutschen bürgerlichen Gesetzbuches.

Daß der Macht der Verhältnisse und Geschichte kein irdischer Wille, auch nicht der des Gesetzgebers, auf die Dauer Widerstand zu leisten vermag, ist den Vertretern unseres Reiches vollkommen bewußt gewesen, als sie neuerdings in dem Entwurf eines bürgerlichen Gesetzbuchs für das Deutsche Reich[213]) dem Gewohnheitsrecht „aus Gründen ausschließlich praktischer Natur" die Kraft versagten, das Gesetz aufzuheben, zu ändern oder zu ergänzen. Sie wußten auch, welche unendlich schwere Aufgabe sie den Behörden durch dieses Verbot des Gewohnheitsrechts auferlegten, — aber für so zweckmäßig, ja noth-

210) Adickes, S. 75.

211) Dahn, Gewohnheitsrecht, S. 583.

212) Motive, I. S. 6. 7.

213) Entwurf, § 2.

wendig halten sie diese Versagung, daß sie sich nicht scheuen, sie in der strengsten Form auszusprechen.

Die zuständigen Organe unseres Staates werden in Zukunft also noch mehr als bisher den Rechtswillen des Volkes in eingehendster Weise zu verfolgen haben und ihm gesetzlichen Ausdruck geben müssen, und werden es sicherlich als eine Ehrensache ansehen, die ihnen übertragene schwere Aufgabe gewissenhaft zu lösen und so das Gewohnheitsrecht glücklich zu ersetzen.

Wenn Bekker unter Hinweis auf die schwerfällige und großartige[214]) Gesetzgebung des Deutschen Reiches den alten Spruch „viele Gesetze, schlechtes Recht" gegen diesen Gedanken heranzieht, so möchten wir bezweifeln, ob „viele Gewohnheitsrechte" ein besseres Recht schaffen.

Nichts wäre allerdings trauriger, als wenn das Deutsche Volk durch die Vorschriften seiner Obrigkeit, auf die es stolz ist, in der Entwickelung seiner Rechtsideen je gehindert würde. Dennoch wäre für den einzelnen Fall, in dem die Gesetzgebung mit einer neu sich entwickelnden Rechtsüberzeugung nicht gleichen Schritt halten könnte, das zeitweise Fortbestehen der vielleicht nicht mehr ganz sachgemäßen Rechtsregel immer noch vorzuziehen all den Unzuträglichkeiten, welche mit dem allmählichen Werden eines abweichenden Gewohnheitsrechts für die Allgemeinheit verbunden ist[215]).

Ein sehr gewichtiger Grund für die Außerkraftsetzung des Gewohnheitsrechts im Entwurfe war auch die Rücksicht auf die Rechtssicherheit, die durch das neue Gesetz gefördert werden soll[216]), und in deren Interesse die Ausschließung der Gewohn-

---

[214]) Eigenschaften, die er anscheinend durch die wenig schöne Bildung „Reichsgesetzgebungsmechanismus" „malen" will.

Bekker, S. 25.

[215]) vergl. Motive, I. S. 7.

[216]) vergl. Motive, I. S. 8.

heiten lag, „deren unvertilgbares Muttermal die Unbestimmtheit ist."

Auch würde das Gewohnheitsrecht den Zweck, die Schaffung eines einheitlichen bürgerlichen Rechtes für ganz Deutschland, gefährdet haben. Denn es würden wegen der bisherigen Rechtszerrissenheit unseres Vaterlandes sehr leicht partikuläre Gewohnheiten entstehen, die dann dem absolut gemeinen Rechte nach unserer Regel, wenigstens für den Kreis ihrer Geltung derogiren müßten.

Wir müssen bezweifeln, daß die sich mehr und mehr festigende Einheit der Nation, wie große und bedeutende Erfolge wir auch auf anderen Gebieten derselben verdanken, die Bildung allgemeinen Gewohnheitsrechtes, besonders auf dem Gebiete des Privatrechts so bedeutend fördern werde, wie Hölder dies erwartet[217]).

Es sind also ausschließlich Gründe der Zweckmäßigkeit, aus denen es sich dringend empfiehlt, die unmittelbare Rechtserzeugung des Volkes zu Gunsten der mittelbaren zu unterdrücken.

§ 16.
5. Der Widerstreit zwischen Theorie und Praxis.

Solche Erwägungen werden es auch gewesen sein, die den fünften Deutschen Juristentag den Satz aufstellen ließen: „Eine umfassende Gesetzgebung (Kodifikation) hat die derogatorische Kraft des Gewohnheitsrechts nicht anzuerkennen!"

Die von uns vertheidigte prinzipielle Gleichberechtigung des Gewohnheitsrechts mit dem Gesetze wird durch diesen Satz nicht vernichtet, wie dies auf den ersten Blick erscheinen könnte, vielmehr glauben wir, unsere Behauptung vollkommen aufrecht erhalten zu können, denn es hieße die Bedeutung des Gesetzes

---

[217]) Hölder, S. 17.

und der Gewohnheit für die Neubildung der Rechts mit der Macht dieser Faktoren verwechseln, wenn man leugnen wollte, daß allerdings zur Schaffung einer Rechtseinheit die Gesetzgebung dem Gewohnheitsrechte bei Weitem überlegen ist.

Auch heute noch würde eine auf die „gemeinsame Rechtsüberzeugung" gegründete Gewohnheit in der von Windscheid scharfsinnig ausgeführten Weise[218]) dem strengsten Gesetze derogiren, wenn der Staat es unterließe, das für sich in Anspruch genommene Recht, allein Recht zu schaffen, durch die geeigneten Mittel zu wahren.

Jedenfalls aber würde das Ansehen des Staates, je strenger er sich gegen Gewohnheit verwahrte, desto bedenklicher untergraben durch die Uebertretung dieses Verbotes — selbst wenn unter dem Scheine der Aufrechterhaltung des Gesetzes sich die Praxis mit der „Hinweginterpretation" des Veralteten begnügt[219]).

Hier scheint uns der Ort, zu bemerken, daß ein außerordentliches und nicht zu unterschätzendes Hinderniß für die sich entwickelnde Rechtsgewohnheit zu unserer Zeit darin liegt, daß die von uns stets als Grundbedingung des Gewohnheitsrechts hingestellte „gemeinsame Rechtsüberzeugung Aller" heute fast als ein Unding erscheinen muß, und praktisch kaum mehr möglich sein dürfte, da der größere Theil der modernen Staatsbürger von den eingreifendsten Rechtsgrundsätzen leider nichts weiß. Heute hat Jeder nur das Bewußtsein, daß das Recht weit über ihm steht und daß seine eigene Rechtsüberzeugung noch nicht Recht ist[220]). Vollständig geschwunden sind die in-

---

[218]) s. o. § 14. S. 56. 57.

[219]) Eine Erscheinung, die wahrlich mehr juristische Feinheit, als politische Gesundheit voraussetzt.

Dahn, Gewohnheitsrecht, S. 583.

[220]) Zitelmann, S. 435.

haltlich gleichartigen Interessen des Volkes — mit ihnen die einheitliche Rechtsanschauung: auf dem Gebiete der Gesetzgebung finden die erbittertsten Kämpfe der Interessen statt.

Wo die Anschauungen über die Grundfragen der Sittlichkeit, Religion und Volkswohlfahrt so ungeheuer weit auseinandergehen[221]), da kann kein gleichförmiges Rechtsgefühl entstehen[222]).

Nur in engeren Kreisen mit gleichartigen Lebensinteressen könnten sich Gewohnheitsrechte bilden, so daß es einen gewaltigen Rückschritt in der Rechtssicherheit und Rechtsentwickelung bedeuten würde, wollte man die derogatorische Kraft des prinzipiell gleichberechtigten Gewohnheitsrechts in der Praxis anerkennen.

§ 17.
6. Die große praktische Bedeutung unserer Frage.

In diesem Sinne dürfte auch die Frage zu beantworten sein, die vom Deutschen Handelstage in seinem in den letzten Tagen an die bedeutenderen Praktiker versendeten Fragebogen an die erste Stelle gesetzt wurde — die Frage nämlich: „Empfiehlt es sich, daß die in § 2 des Entwurfs ausgesprochene Abschaffung des Gewohnheitsrechts Gesetzeskraft erlangt[223])?"

Die große praktische Bedeutung[224]) unserer Frage könnte kaum besser bestätigt werden!

Die Besorgniß des Handels- und Gewerbestandes, es

---

[221]) Zitelmann, S. 435 f.

[222]) Neuerdings hilft man sich mit einem auf dem Prinzip der nothwendigen Unterwerfung beruhenden Gesammtwillen, so z. B. Schmidt, Gewohnheitsrecht, S. 5. 6.

[223]) „Deutscher Handelstag. Fragebogen zu dem Entwurf eines bürgerlichen Gesetzbuchs", S. 3. 4.

[224]) Anderer Ansicht die Motive, S. 9.

werde ihm nun durch die bevorstehende Revision des Handelsgesetzbuchs sein Privilegium genommen werden, erscheint uns ziemlich unbegründet — wenigstens findet sich in dem § 2 des Entwurfs und in den Motiven dazu dies nicht ausgedrückt, selbst wenn man im Sinne der Motive „das Gesetz" in „ein Gesetz" verändert[225]).

Ja, es erscheint uns sogar wünschenswerth, auch die schon früher durch Reichsgesetze geordneten Materien[226]) dieser Vorschrift der Rechtssicherheit wegen zu unterwerfen, während die Motive „gewohnheitsrechtliche Rechtsnormen" [227]) nur künftigen Gesetzen nicht derogiren lassen wollen.

Zu unserer Zeit, da die Fähigkeit des Volkes die gemeinschaftlichen Bedürfnisse ohne Gesetz zu erkennen so sehr schwach ist[228]) und so ungemein häufig neue Rechtsbedürfnisse entstehen, muß der Gesetzgeber die Vormundschaft übernehmen und desto angestrengter für das Wohl seines Mündels sich bemühen.

Um konsequent zu sein, sollte der Entwurf auch den Gebrauch der Analogie mehr einschränken, da durch ihn vorzüglich der gewohnheitsrechtlichen Aenderung des Gesetzesinhaltes Vorschub geleistet werden kann. — Denn wir halten es für einen recht gefährlichen Umweg, dem Reichsgericht die Pflicht aufzuerlegen, die Entwickelung des Gewohnheitsrechts zu hemmen[229]).

---

[225]) Motive, S. 9.

[226]) Das Handelsgesetzbuch könnte man aus manchen Gründen ausnehmen.

[227]) Eine häßliche Wortfülle, um die Eigenschaft eines „Rechtes" abzusprechen.

[228]) Leider ist auch wenig Aussicht vorhanden, daß sie erstarke! Anderer Meinung Hölder, S. 14.

[229]) Dies will Zrodlowski, S. 44.

§ 18.
Rückblick.

Wenn wir die Zustände des römischen Staatslebens zur Zeit Constantins mit unseren Verhältnissen vergleichen, so finden sich trotz ungeheurer Verschiedenheiten doch manche Aehnlichkeiten, die es rechtfertigen würden, wenn damals gesagt worden wäre, was wir oben[230]) im Hinblick auf unser Jahrhundert behaupteten.

Wir geben damit aber nur soviel zu, daß Constantin dies Alles gesagt haben könnte, und betonen gleichzeitig nochmals, daß wir dies in seiner bekannten Konstitution nicht ausgesprochen finden — daß wir vielmehr festhalten an unserer oben[231]) gegebenen Erklärung dieser Stelle, die sich begnügt, durch eine wörtliche Uebersetzung des Textes das wiederzugeben, was wirklich in ihr enthalten ist, ohne in sie hinein zu interpretiren, was den Zeitumständen entsprechend hätte gesagt werden können.

Auch gelang es uns nicht, in den Quellen des römischen und des sich enge anschließenden kanonischen Rechtes irgend Etwas zu finden, das ohne ihm Zwang anzuthun und ohne es mit dem System in gewalsamen Widerspruch zu setzen, in dem Sinne auszulegen wäre, als habe man schon bei den Römern das Bewußtsein gehabt, daß es zweckmäßig sei, dem Gewohnheitsrecht die derogatorische Kraft abzusprechen.

Auch das langobardische Lehnrecht, das vermöge der Art, wie es rezipirt wurde, zu „des Reiches gemeinen Rechten" gezählt werden muß, erwies sich für unsere Frage als nicht ganz unfruchtbar, wie auch im deutschen Rechte unzweifelhaft frühe-

---

230) s. § 16 am Ende.

231) s. § 7. S. 28—30.

rem und allgemeinem Rechte durch späteres und spezielles Recht, wessen Ursprungs es sei, derogirt wird, so daß auch hier der römische Satz gilt: „in toto jure generi per speciem derogatur“ [232]).

Das Verhältniß des partikulären Rechts zum gemeinen Recht drückt das bekannte Wort aus: „Willkür bricht Stadtrecht, Stadtrecht bricht Landrecht, Landrecht bricht gemeines Recht“; stets gilt dabei die Regel „jus posterius derogat priori“. —

Später erst entwickelte sich eine der derogatorischen Kraft wie der Gewohnheit überhaupt ungünstige Lehre, woran sich eine Reihe von Schwankungen in der Beurtheilung der Gesetzesaufhebung durch Gewohnheitsrecht anschloß. Allmählich gestaltete sich die Theorie immer günstiger für dieselbe, so daß die derogatorische Kraft des Gewohnheitsrechts zu unserer Zeit theoretisch glänzende Anerkennung gefunden hat. — In der Praxis allerdings ist seine Existenz eine wahrhaft kümmerliche, da fast alle Gesetzgebungen sich bemühen, das immerhin unsichere Gewohnheitsrecht durch die sichere und zweckmäßigere Gesetzesnorm zu ersetzen, weil das moderne Staatswesen diese Prävalenz des Gesetzes verlangt.

Dennoch kann das gesetzliche Verbot des entgegenstehenden späteren Gewohnheitsrechts an und für sich nur geringe Wirkung haben, wenn nicht[233]) der Gesetzgeber sich der Volksüberzeugung anschließt und neu auftauchenden Bedürfnissen gesetzliche Gestalt giebt sowie die unbrauchbaren Regeln ausstößt. Denn wenn — um das von Sturm falsch[234]) ausgeführte

---

[232]) l. 80. Dig. de reg. jur. 50. 17.

[233]) Hierauf ist das größte Gewicht zu legen!

[234]) Sturm, S. 44. — Es dürfte dies wohl damit zusammenhängen, daß, wie oft, „Quellen“ und „Erscheinungsformen“ des Rechts nicht scharf genug geschieden werden.

Bild zu berichtigen — der eine Ausfluß aus dem Sammelbehälter der Rechtsüberzeugung des Volkes geschlossen wird, so muß der andere Ausfluß erweitert werden — einestheils, damit das Becken des objektiven Rechts durch die eine übrig bleibende Quelle stets genügend gespeist werde, anderentheils, um zu verhüten, daß die verschlossene Quelle ihren natürlichen Weg erzwinge.

Wenn allerdings — was bei den modernen Verhältnissen leicht geschieht — die eine Quelle versiegt, so muß auf künstlichem Wege Ersatz geschaffen werden, und so dürfte man zu dem in unserer Zeit mannigfach versuchten „Experiment im Recht“ [235]) gekommen sein.

[235]) Ofner, S. 7—16.

Litteratur.*)

Adickes, zur Lehre von den Rechtsquellen.
A. P., in der kritischen Vierteljahrsschrift, Bd. VII.
Baron, Pandekten.
Bekker, System und Sprache des Entwurfs eines bürgerlichen Gesetzbuchs für das Deutsche Reich.
Beseler, System des gemeinen Deutschen Privatrechts, Bd. I.
Böhlau, Mecklenburgisches Landrecht, Bd. I.
Braun, Erörterungen zu Thibauts Pandekten-System.
Brinckmann, Gewohnheitsrecht im gemeinen Civilrecht und Civilprozeß.
Brinz, Lehrbuch der Pandekten.
Busch, „Beiträge zur Lehre von dem Gewohnheitsrecht," im Archiv für die civilistische Praxis, Bd. XXVII.
Codicis Domini Justiniani sacratissimi Principis cet. libri IX priores. (Lugdini a. 1551.)
Dahn, „Gewohnheitsrecht", in der Zeitschrift für Deutsche Gesetzgebung, Bd. VI.
Dahn, Deutsches Rechtsbuch.
Danz, Handbuch des heutigen Deutschen Privatrechts, Bd. I.
Dernburg, Pandekten, Bd. I.
Donelli commentarii de jure civili.
Eichhorn, Grundsätze des Kirchenrechts, Bd. II.
Eichhorn, Einleitung in das Deutsche Privatrecht.
Elvers, Beiträge zur Vereinigung der l. 2 und l. 32, in der Allgemeinen juristischen Zeitschrift. 1828.
Endemann, Das Deutsche Handelsrecht.
Entscheidungen des Reichsgerichts in Civilsachen, Bd. V, XII, XIV, XVII, XIX, XX.

*) Wir geben hier eine Zusammenstellung der vollständigen Titel derjenigen Werke, in denen die angezogenen Aussprüche und die Paralellstellen, auf welche in den Anmerkungen verwiesen ist, zu finden sind. —

Entscheidungen des Reichsoberhandelsgerichts, Bd. XII u. XVI.

Förster, Theorie und Praxis im heutigen gemeinen Preußischen Privatrecht, Bd. I.

Friedberg, Lehrbuch des katholischen und evangelischen Kirchenrechts.

Fritz, Erläuterungen zu Wening-Ingenheim's Lehrbuch des Gemeinen Civilrechts, Bd. I.

Gaji institutionum commentarii (Böcking).

Gareis, das Deutsche Handelsrecht.

Gesterding, „Beisteuer zur Theorie vom Gewohnheitsrecht", im Archiv für die civilistische Praxis, Bd. III.

Glück, Einleitung zum Studium des römischen Rechts.

Glück, Erläuterung der Pandekten.

Gneist, Pandekten-Vorlesungen. (Collegienheft.)

Goldschmidt, Handbuch des Handelsrechts, Bd. I.

Grotius, de jure belli ac pacis (Amsterdam 1680).

Guyet, „das partikuläre Gewohnheitsrecht", im Archiv für die civilistische Praxis, Bd. XXXV.

Hälschner, System des Preußischen Strafrechts, Bd. II.

Hälschner, Vorlesungen über Strafrecht. (Collegienheft.)

von Hahn, Kommentar zum Allgemeinen Deutschen Handelsgesetzbuch.

Hamm, compendium.

Hergenröter, Lehrbuch des katholischen Kirchenrechts.

Heumann, Handlexikon zu den römischen Quellen.

Hölder, im Archiv für die civilistische Praxis, Bd. 73.

Höpfner, Kommentar über die Institutionen.

Jäger, in der Zeitschrift für Civilrecht und Civilprozeß, Bd. IX.

Keyßner, Allgemeines Deutsches Handelsgesetzbuch.

Klötzer, Versuch eines Beitrags zur Revision der Theorie vom Gewohnheitsrecht.

Koch, Allgemeines Landrecht für die Preußischen Staaten, Bd. I.

Landsberg, über die Entstehung der Regel, quidquid non agnoscit glossa nec agnoscit forum.

Mackeldey, Lehrbuch des heutigen Römischen Rechts.

Merlin, répertoire universel et raisonné de jurisprudence, tome XIII.

Mittermaier, Grundsätze des gemeinen Deutschen Privatrechts, Bd. I.

Motive zu dem Entwurf eines bürgerlichen Gesetzbuches für das Deutsche Reich, Bd. I.

Ofner, Beiträge zur exakten Rechtswissenschaft.

Phillips, Kirchenrecht, Bd. III.

Puchta, Pandekten.

Puchta, das Gewohnheitsrecht.

Richter, Lehrbuch des katholischen und evangelischen Kirchenrechts.

Rosenthal, tractatus et synopsis totius juris feudalis a. 1662.
Runde, Grundsätze des Allgemeinen Deutschen Privatrechts.
von Savigny, System des heutigen römischen Rechts, Bd. I u. II.
Schmidt, Pandekten-Vorlesungen. (Collegienheft.)
Schmidt, „Gewohnheitsrecht" im Leipziger Programm 1881.
Schnaubert, Kommentar über das Böhmer'sche Lehnrecht.
Schömann, Handbuch des Civilrechts, Bd. I.
Schömann, Erläuterungen der Civilgesetzgebungen Napoleons und Justinians, Bd. I.
Schulte, das katholische Kirchenrecht, Bd. I.
von Schulte, Geschichte der Quellen und Litteratur des kanonischen Rechts, Bd. I.
Schwanert, Gesetz und Gewohnheit.
Schwartz, „privatrechtliche Kodifikations-Bestrebungen", im Archiv für bürgerliches Recht, Bd. I.
Schweitzer, de desuetudine (Lipsia 1801).
Sell, Pandekten-Vorlesungen. (Collegienheft.)
Seuffert, im Archiv für die civilistische Praxis, Bd. XI.
Siegel, Deutsche Rechtsgeschichte.
von Stintzing, Geschichte der Deutschen Rechtswissenschaft, Bd. I.
Stobbe, Handbuch des Deutschen Privatrechts, Bd. I.
Sturm, Kampf des Gesetzes mit der Rechtsgewohnheit.
Cornelii Taciti annalium lib. II.
Thibaut, System des Pandekten-Rechts, Bd. I.
Thöl, das Handelsrecht, Bd. I.
Toullier, le droit civil Français, Tome I.
von Vangerow, Lehrbuch der Pandekten, Bd. I.
Voet, commentarius ad pandectas.
von Wächter, Handbuch des im Königreich Württemberg geltenden Privatrechts, Bd. II.
O. von Wächter, Pandekten.
Wächter, C. G., „Gesetzgebung" im Staats-Lexikon, Bd. VI.
Dr. O. Wächter, das Handelsrecht nach dem Allgemeinen Deutschen Handelsgesetzbuch, Bd. I.
Weber, Handbuch des in Deutschland üblichen Lehnrechts, Bd. V.
Welcker, „Gewohnheitsrecht" im Staats-Lexikon, Bd. VI.
Welcker, die letzten Gründe von Recht, Staat und Strafe.
Windscheid, Lehrbuch der Pandekten, Bd. I.
Zachariae, Handbuch des französischen Civilrechts, Bd. I.
Zitelmann, „Gewohnheitsrecht und Irrthum" im Archiv für die civilistische Praxis, Bd. 66.
Zrodlowski, Kodifikationsfragen.

Außerdem wurden benutzt die Textausgaben:

des corpus juris civilis
(§ 11 Inst. I. 2. — § 12 Inst. IV. 3. —
§ 7 Inst. IV. 4. — l. 32 § 1 Dig. I. 3. —
l. 38 Dig. I. 3. — l. 27 § 4 Dig. IX. 2. —
l. 1 § 1 Dig. XI. 1. — l. 80 Dig. L. 17. —
l. 5 Cod. I. 14. — l. 2 Cod. I. 17. —
l. un. pr. Cod. VI. 51. — l. 13 Cod. VII. 45. —
l. 2 Cod. VIII 53. — Nov. 89 c. 15. —
lib. II. Feud. tit. I. — lib. IV. Feud. tit. 84.
lib. IV. Feud. tit. 101.)

des corpus juris canonici
(Dictum nach c. 12 Dist. XII. —
Dict. in pr. Dist. XVIII. — cap. ult. X I. 4. —
C. 50 X I. 6. — C. 2 X I. 11. — C. 8 X II. 1. —
C. 2 X III. 46. — C. 1. 3 X IV. 11. — C. 3 X IV. 14. —
C. 3 in VI^{to} I. 4. — C. 9 in VI^{to} I. 15.)

der Peinlichen Gerichtsordnung Karl V.,
des Codex Maximilianeus Bavaricus civilis,
„ Allgemeinen Landrechts für die Preußischen Staaten,
„ Code civil und
der Einführungsgesetze für das linke Rheinufer und für das Großherzogthum Berg,
des Badischen Landrechts,
„ Allgemeinen bürgerlichen Gesetzbuchs für die Deutschen Erbländer der Oesterreichischen Monarchie,
„ Sächsischen bürgerlichen Gesetzbuchs,
„ Allgemeinen Deutschen Handelsgesetzbuches,
„ Strafgesetzbuches für das Deutsche Reich,
der Civilprozeßordnung für das Deutsche Reich,
des Entwurfs eines Bürgerlichen Gesetzbuchs für das Deutsche Reich.

GPSR Compliance

The European Union's (EU) General Product Safety Regulation (GPSR) is a set of rules that requires consumer products to be safe and our obligations to ensure this.

If you have any concerns about our products, you can contact us on ProductSafety@springernature.com

In case Publisher is established outside the EU, the EU authorized representative is:

Springer Nature Customer Service Center GmbH
Europaplatz 3
69115 Heidelberg, Germany

Batch number: 10844655

Printed by Printforce, the Netherlands